如果可以誠實 孩子為什麼要說謊

〔資深臨床心理師〕
陳品皓／著

各界推薦

★「孩子總是會以各種不同的方式來表達他的內心訊息，說謊則是其一，讓父母與老師深感頭痛，卻又莫可奈何。現在透過這本書，將讓你一窺說謊的心理學意義，獲得清楚的解析，找到相對應的教養策略，陪伴孩子一起成長。」

——王意中　王意中心理治療所所長／臨床心理師

★「改善孩子說謊之完全攻略！」

——Henry羅寶鴻　AMI國際蒙特梭利協會認證教育家

★「孩子的謊言裡，其實藏著大大的學問。跟著品皓清晰易懂的思路，學習如何『靠近』孩子們的謊言，找到那把可以打開孩子心扉的鑰匙。讓謊言不只是謊言，而能搖身一變，成為拉近親子關係的素材。」

——蘇益賢　臨床心理師、作家

★「『恭喜你！孩子會說謊了！』世界上沒有任何一個人沒說過謊，因為『說謊』是二到四歲孩子的正常發展階段。在書中，作者用清楚的科學研究讓爸媽『放心』，原來自己和孩子，都是『正常』的！要孩子『完全』不說謊簡直就是違背人性，但建築一個孩子『不需要說謊』的環境，卻是對他們極其重要的。

推薦這本書，給所有不知道該如何應對孩子說謊的爸媽！」

——凱若媽咪（Carol）　作家

★「從許多寓言故事就可以知道誠實是一種美德，從古至今，在教育上我們鼓勵孩子誠實，希望孩子說實話！不然皮諾丘的鼻子不會因為說謊而變長，也不會有《放羊的孩子》、《金斧頭與銀斧頭》……等故事。

誰沒有說過『謊話』，我們真的想聽實話嗎？我們的社會鼓勵我們說實話嗎？你的孩子願意與你說實話嗎？當你發現他對你撒謊，你可以從什麼樣的角度去解析呢？說謊不只是逃避處罰，同時是希望維持表面的形象！說謊立即得到實質的好處，但說實話的好處多半是無形的！品皓這本書引領我們用更完整的角度去理解『謊言』，推薦給常和孩子『勾心鬥角、爾虞我詐』的爸爸媽媽及教育工作者！」

——曲智鑛　陶璽特殊教育工作室創辦人

★「我的工作跟自閉症特質者有高度關聯，自閉症孩子幾乎沒有說謊的能力，即使有說謊也是很容易就被拆穿的程度。孩子的直白口無遮攔，常讓家長尷尬萬分，因為孩子的特質如此，我很早就感受到能說謊是個能力。但也深知直白無隱跟說謊之間，其實還需要間距緩衝。

這本書除了提供問答給家長思考謊言發生的成因之外，我更欣賞的部分是，還提供了很多深植人心的實驗結果，後續推翻該實驗或補述的論證。讓讀者重新思考過去曾經深受啟發的結論，被新的實驗顛覆。原先的鐵證成了錯誤。新的實驗結果，讓我們不得不更細膩的看清行為背後的成因。而非一開始片面的解讀而已。」

——卓惠珠（花媽） 作家

★「在一般有教養的家庭裡『說謊』被看成是要不得的負向行為！

怎麼可以說謊呢？當發現自己的孩子有說謊的情形，身為父母便上緊發條備戰，為了教養出孩子良好的品行，眼睛便緊盯著孩子的舉止言行，百密也絕對不能一疏，絕不能放過孩子說謊的可能性，到最後氣急敗壞，我的孩子怎麼老愛說謊呢？而這其中的癥結，被陳品皓心理師點出來了『要成為一個東方文化中的「好孩子」，是一個很大的心理包袱，這個包袱大到幾乎不太能夠擁有犯錯的權利。對孩子來說，很多時候為了要維持這個形象，於是就用「謊言」來彌補身為一個被放在好孩子框架裡的正常人，因為好孩子不犯錯，正常人才犯錯。』

不只是點出來，在此書裡，也從各方面，有層次地讓我們看待『說謊』這件事有全面的認知理解及對應方式的選擇，也不再只是停留在糾出孩子說謊，使用處罰威逼不再發生！而是面對『說謊』這件事時，真正有益處的解方。其實家長只是希望孩子有良好品行而已，引導時能走在對的方向也是家長所尋覓的，全在此書裡！誠心推薦！」

——廖芳珍（澐媽）《一閃一閃亮晶晶》共同作者

作者序

陳品皓

「說謊」是一個很奇妙的行為，不只是人類才有，大自然中的許多生物也會有欺騙的行為，然而絕大部分生物是為了生存而發展出欺瞞的手段，不過對人類來說，說謊卻有各式各樣的理由，實在是錯綜複雜又令人難以捉摸的行為。

在孩子身上，「說謊」更是許多父母在親子教養中常感到頭痛的挑戰。面對孩子說謊，也往往觸動我們心中敏感而緊繃的神經，不但自己因此生氣，也深怕說謊的行為深深影響了孩子人格的養成。

我在治療所以及學校工作的長年經驗中，發現「說謊」是孩子常見的問題之一，在輔導了上百個孩子、和無數家長諮商的觀察累積下，我很少看到不曾說謊的小孩，也很少看到不因此而生氣的父母。不過隨著輔導工作越來越深入之後，我漸漸有一種明顯的感覺——眼前這些坐在治療室裡的孩子，他們之所以選擇說謊，其實是對我們大人提出相當重要的提醒：孩子在他的生活中，發生了一些重大的事情，而他在面對這些各式各樣的問題時卡關了，於是說謊就接著發生。

究竟都是些什麼樣的問題造成孩子說謊呢？

這也是我一直深感興趣的議題，因此將過去大量的輔導經驗中，孩子們說謊的各種原因、理由，以及介入的方法，做了詳細的整理跟彙整，從中蒐集出最能夠有效解決爸爸媽媽在教養中遇到困擾的解決方向跟建議。

本書的第一章，我會和各位讀者介紹說謊本身的功能、以及說謊所需要具備的能力。在第二、三章，我整理了在學校與家庭當中孩子最常見的說謊原因，以及處理的對策。第四章則是回到說謊的行為本身，究竟目前嚴謹的科學研究結果到底有沒有辦法識破謊言，這些都會在書中帶著大家逐步理解，並提出可以操作的具體方法。

誠摯地邀請您和我一起看到孩子說謊的背後，他所遇到的困境，並且共同協助孩子在困境中找到面對與承擔的勇氣，發展出他獨特的生存力。

作者序

目錄

Chapter 1 說謊，都是為了生存

Chapter 2

說謊都是不得已？孩子為什麼要選擇說謊？

Chapter 3
孩子為什麼會在學校說謊？校園中常見的說謊行為

chapter 1

說謊，都是為了生存

當孩子說出第一個謊言時，爸媽別恐慌！你絕對要在心裡暗暗為他喝采。

因為這代表他的大腦功能發展趨於完善，具備良好的心智理解力、錯誤信念、自我控制力，以及理解他人和自己不同的同理心。

既然如此，為什麼絕大部分的父母在發現孩子說謊時，心裡卻是生氣又慌張，「為什麼小孩要對我說謊？」、「他是不是交了壞朋友、做了壞事？」……，大人為什麼會有這樣的情緒呢？

1-1

什麼是「說謊」？

在進入正題之前，請大家先想像一個場景：某天你帶著剛下課的孩子走在回家的路上，這時迎面而來一位婦人，你看著她覺得有點眼熟，但又想不起來在哪見過她，直到她向你打招呼：「老王！好久不見呀！我是小美呀，你的高中同學！」

聽到對方這麼一說，你突然想起眼前這個人，就是高中時與你還算熟識的老朋友，只是畢業之後整整二、三十年沒見，也難怪雖然面善，卻一時也想不起來。

你不經意地打量了一下小美，發現她這二十年來的變化好大，不僅整個人發福了一大圈，臉變得鬆垮，完全不復當年青澀秀氣的模樣，這時小美

什麼是「說謊」？

看著你說：「想不到這麼久不見，你還是跟以前一樣沒什麼變呀，難怪我一眼就認出你。」

你聽到老朋友這麼說，於是也很自然的回應：「妳才沒什麼變呀，跟以前一樣美麗，不愧是班花呀！」

這時候，孩子拉了拉你的衣角，你瞥向他沒多說什麼，繼續和老友敘舊，直到你們道別，這時孩子忍不住翻你白眼說：「哪裡美麗呀？拜託！」

你回他：「小孩不懂啦，這叫做善意的謊言。」

孩子接著說：「謊言就是謊言呀，說謊就是不對嘛。」

說謊，到底對不對？

這個問題似乎沒有這麼好回答，因為就在剛剛的例子裡，我們看到了一個謊言正活生生地上演。所以在回答這個問題之前，不如我們先來看看，什麼是說謊？人又為什麼要說謊？

「說謊，就是一個人刻意給出錯誤訊息，讓原本以信任為基礎的另一方，被帶入錯誤的理解方向。」通常說謊的結果，可能會讓對方形成錯誤或不真實的概念，而為此遭受損害或代價。嚴格來說，說謊沒有分什麼善意或非善意，當說話者在理智上知道自己提供的訊息與事實不符合時，就構成了說謊或欺瞞的行為。

說謊，是生物的本能？

其實不只人類，在生物界，幾乎每一種生物都有各自說謊或是欺瞞對手的方式，像是大家最熟知的變色龍，透過改變自己的顏色配合環境，以躲避天敵的攻擊；海中的烏賊遇到捕食者時，馬上噴出烏漆麻黑的墨汁，以混淆對方的視線藉機開溜；而河豚遇到敵人攻擊時，馬上吸進大量的空氣或水到肚子裡，讓身體看起來比平時壯大一倍，像個圓滾滾的大球，威嚇敵人。而跟人類血緣最相近的黑猩猩，有關牠們說謊的行為也是五花八門、琳瑯滿目，研究人員很早就發現，只要是對自己有利的，黑猩猩也會向夥伴或甚至人類說謊。

紐約時報專欄「動物節拍」的執筆者薇琪．柯羅珂（VICKI CROKE）在她的著作《新動物園》（THE MODERN ARK-THE STORY OF ZOOS: PAST, PRESENT AND FUTURE）中，曾有一段關於黑猩猩說謊的精彩描述：「有一隻能夠和人類以手語溝通的黑猩猩露西，有一天在家中的客廳大便，當研究人員透過手語詢問露西這是誰做的時候，露西以手語表示：『是蘇做的。』，研究人員表示這不是蘇做的，並且再問一次露西，露西表示：『是羅傑做的。』直到最後露西才承認牠才是真正的兇手。」

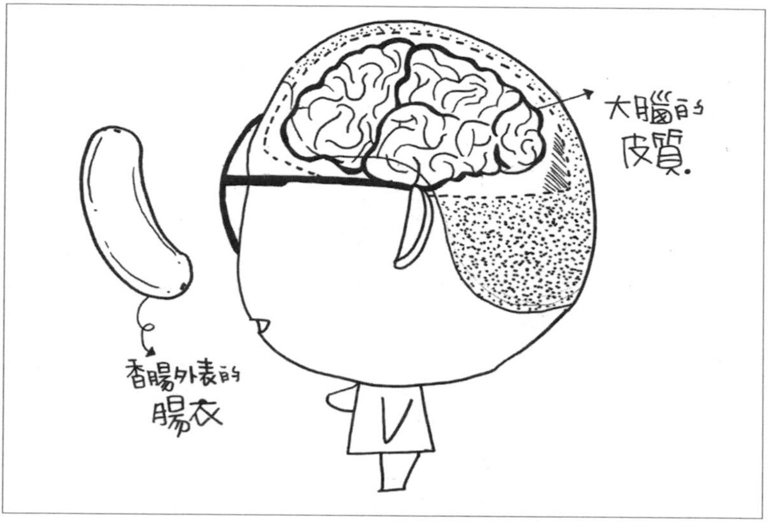

為什麼露西會說謊呢？在進一步解釋之前，我要先簡單介紹一個和說謊有關的大腦部位：皮質。

大腦皮質是位於大腦最外側，一層非常單薄的神經組織，是動物演化中最晚才出現的部分，也是人類許多認知能力的關鍵所在。如果用香腸比喻，整個大腦就是一根香腸，皮質就是包覆住香腸最外面那一層薄而透明的腸衣。正是這一層薄到沒有分量的腸衣，讓人類與其他物種走上天差地遠的發展。

1-1 什麼是「說謊」？

回到露西的說謊行為，跟大腦皮質又有什麼關係呢？曾有研究發現，靈長類動物說謊的技巧，似乎和大腦的皮質面積有關——皮質面積越大的靈長類動物，說謊的技巧越好。透過行為觀察，研究者發現葉猴和狐猴的大腦皮質都相當小，相對出現欺瞞的行為頻率比起大猩猩、黑猩猩來的少。後者天生就擁有巨大的大腦皮質，欺騙的技巧也相對較好，但如果把所有靈長目的動物放在一起比較，人類大概就是穩坐冠軍了，露西可能遠遠不是人類的對手。

從這些研究結果，你會發現一件事情：要會說謊，你要有皮質的輔助；而要能夠說出一個品質好、可信度高、完成度佳的謊言，皮質還要夠大才可以，因為大腦皮質的附帶功能之一，就是擁有強大的心智能力。

每個人都有說謊的能力

現在，請你想像有一個房間，在房間的桌上有一個籃子以及一個盒子，這時：

❶有兩個小女孩進來，她們一位是莎莉，一位是安妮。
❷房間內，在莎莉面前的是籃子，安妮的面前則是盒子。
❸莎莉把一個小球放進籃子裡，接著用一塊布蓋住籃子後，她就離開了。
❹安妮在莎莉離開後，把小球從籃子裡拿出來放進盒子裡。
❺接著莎莉回來了。

1-1

什麼是「說謊」？

請問各位朋友，你覺得這時候莎莉會去哪裡找她的球呢？是籃子？還是盒子？（請思考五秒鐘）

大部分人的答案應該是：籃子。

為什麼你會選擇籃子呢？因為當你在思考這個題目時，你的大腦瞬間做了一個非常重要的觀點轉換——你跳脫了自己的立場，從莎莉的立場去理解整件事情。在你認知中的莎莉，一出房間後只會記得自己把球放進籃子裡，她並不知道安妮做了手腳，所以一回來當然會先往原本的籃子搜尋。

這個推論過程的關鍵，在於你必須能夠推測並理解莎莉的角度。這個能力非常重要，因為它代表你能夠了解並推論他人的心理狀態，比如感覺、想法、意圖、信念及需求等等，並進一步預測或解釋對方的行為，這涉及到的能力，就叫做「心智理解力」。

心智理解力讓我們能夠跳脫自己的觀點，去推估他人的狀態；更重要的是，心智理解力讓我們可以了解他人會因為情境，經驗等條件跟自己產生不同的觀點、認知。這種理解他人跟自己觀點不一樣的能力，叫做「錯誤信念」，這是心智理解力中的能力之一。

在莎莉跟安妮的例子中，你很快就能知道莎莉腦中想的跟你不同，也就是你能夠理解莎莉的錯誤信念，她的信念是「球在我出去之前，是在籃子裡，因此我回來的時候它還會在籃子裡」。事實上，你知道後來發生了什麼事情，因此球並不在籃子裡，但同時，你也可以知道莎莉所抱持的信念和你不一樣，所以你可以做出合理的推論。

「說謊」是怎麼運作的？

欺騙或說謊，就是錯誤信念的實際運用，因為你能夠知道對方的信念跟你不同，你知道如何引導、給與他人錯誤的信念，才能進行欺騙的行為。因此對他人錯誤信念的掌握，可以說是欺騙能力的發展基礎。而通常四、五歲的孩子在這個部分就已經展現出先天能力。

就像莎莉跟安妮，一般來說四歲的孩子，已經可以掌握到莎莉擁有和自己不一樣的錯誤信念。莎莉的信念是球仍然在籃子裡，所以孩子可以預測莎莉會去原本的籃子拿球。因此，知道對方與自己有不同的信念想法，就具備欺騙與說謊的認知能力，這時候要說謊，其實就是輕而易舉的事情。

生活當中，我們常常都在訓練孩子善用錯誤信念的遊戲或行為，比如，我們會跟孩子玩猜猜看玩具在哪裡的遊戲。你把一個玩具藏在左手或右手，讓小朋友猜東西在哪，你會故意誘導他，給他錯誤的資訊，這就是你在使用你的錯誤信念能力；當反過來孩子在跟你玩這個遊戲時，他也在練習引導你做出錯誤的判斷。這個利用錯誤信念的能力，就是欺騙或說謊的基礎。

說到這裡，你可能會有一個感覺，好像心智理解力越好，說謊的能力也跟著變好？事實上，目前的科學研究結果似乎也是支持你的想法：說謊，其實是心理理解力的一環。因為你要能夠說一個好的謊，你必須要知道：

❶ 不同的人對於同一事件，可能會有不同的信念及想法。

❷ 人可能會被誤導，而對於事件的狀態形成錯誤信念，並依照錯誤信念行動。

而研究發現，當孩子的心智狀態越敏銳、越能夠覺察別人可能會有跟自己不一樣的錯誤信念時，說謊就開始發展了。

那我們是不是要降低孩子的心智理解力，甚至讓他不要發展這一個能力呢？這個問題其實無法一概而論，因為透過心智理解力的發展，孩子才能夠在這個基礎上，嘗試理解他人「跟自己不一樣」的想法或情緒。這同時也是同理心的基礎，心智理解力讓我們學會說謊，但同時也讓我們能夠在社交情境中觀察並且理解他人的情緒或想法，而做出得體或適當的回應。

所以，現在我們似乎現在陷入兩難，究竟我們是希望孩子有同理心呢？還是希望孩子不要說謊呢？這兩個都牽涉到同一個心智理解力的運作，你該怎麼辦呢？

或許我們可以從別的角度，來思考說謊這個問題。

1-2

恭喜你，孩子說謊了！

在你睜大眼睛看著標題時，請先別急，讓我用幾分鐘解釋一下為什麼要恭喜你。

說謊，其實比你想像得複雜又困難。一個人能夠說謊，還能夠說出一個好的謊言，就大腦來說，絕對不是一件簡單的事情。

首先，他必須具備兩個重要的核心能力：

❶ **心智理解力**。能夠了解並推論他人的心理狀態，並進一步預測或解釋對方的行為。

❷ **自我控制力**。能好好控制自己的身體語言、情緒、面部表情……等等的能力。

這兩個能力都跟社會適應的品質有關係，所以換句話說，一個越能夠說出複雜謊言的孩子，他所需要具備的心智理解力以及自我控制力的能力越好。

為什麼他們全家人都胖？

有關於自制力的重要，我想起了一個經驗。

有一次我和孩子一起搭電梯，遇到鄰居全家人。由於鄰居全家人都是比較福泰的身材，因此當時才小學一年級的孩子，當著大家的面不解地問我：「爸爸，為什麼他們全家人都那麼胖？」

當時聽到孩子的問話，整座電梯瞬間陷入完全的寂靜，我當下恨不得馬上就衝出電梯，好在鄰居爸爸很豁達且友善的自嘲了一番，替當下困窘的我們解圍。事後我試著和孩子解釋一個人胖的可能原因，以及我們盡量會避免在他人面前形容有關個人身材有關的特質（這又是另一種層次的說謊訓練）。

沒過多久，我和孩子又在電梯中遇到同一家鄰居，這次小朋友可是記取了先前的教訓，電梯升降之中保持著沉默，等到了樓層，鄰居全家人跨出電梯，門正準備關起的那一剎那，兒子拉拉我的衣角說：「爸，我這次很乖吧，我都沒有在他們面前說他們胖耶。」

現在你可以知道，如果自我控制力不好，很多事情就會功虧一簣。

因此，**心智理解力和自我控制力，是說謊的兩大基礎能力**。這也是為什麼罹患自閉症跟注意力不足過動症的孩子，通常在說謊上會有困難或品質不佳的原因，因為自閉症孩子的心智理解力比較弱勢；而注意力不足過動的孩子，在自我控制力上常常存在困難。

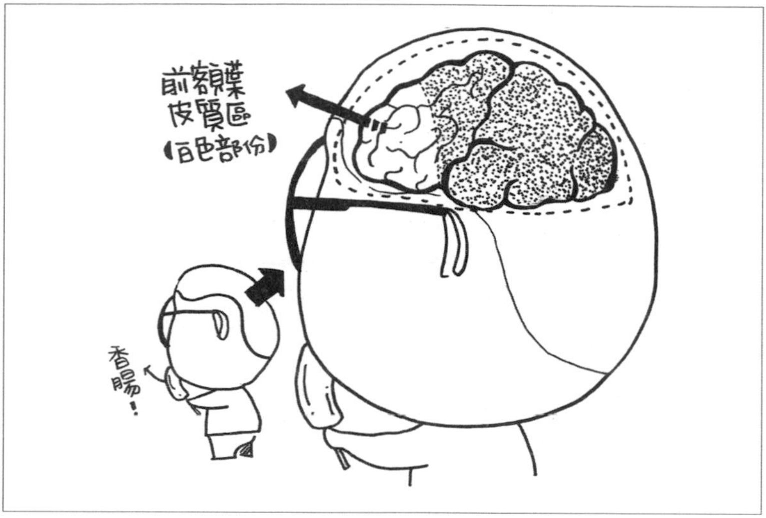

再來，具備以上二種能力，只代表你能進入說謊擂台的資格賽，但不代表你就能夠說出一個好品質的謊言。因為要說出好品質的謊言，還必須透過大腦其他區域相互合作，執行說謊的任務。

其中，在大腦皮質裡，還有一個重要的部位對說謊貢獻卓越，就在大腦前額葉這個區塊。人類大腦的前額葉，就位在額頭後方的區域，這一塊組織對人類來說，是非常重要的區域，就因為這一層薄薄不起眼的組織，讓人類跟地球上的其他物種，走上截然不同的命運。

一個「好品質」的謊言

大腦前額葉主要負責語言、溝通、計畫與訊息彼此之間的協調等等。簡單來說，大腦前額葉就像是一家公司的執行長，負責訂定營運方針、管理各部門的運作、執行營運計畫、組織相關的資源，是一個相當重要的角色。一家公司營運得好不好，很大程度決定於執行長的經營能力，而大腦前額葉就是我們每個人的執行長。

那執行長的能力好壞，又跟說謊的品質有什麼關係呢？在我解釋之前，先請爸媽做一個簡單的實驗：

實驗1

現在請用一分鐘的時間，說出一個完整的故事，這個故事內容要包含：「車子」、「行政院」、「機票」、「圓規」。這四個東西在故事中都必須是重要且彼此有關的角色，不能只是憑空出現。故事必須有頭有尾且合理。請開始。

實驗2 現在請用一分鐘的時間，回想並且說明從昨天晚上到現在，生活中發生的任何一件事情。

爸媽可以試著自己說說看，並且比較一下，哪一個實驗對你來說比較輕鬆？哪一個比較困難呢？

大部分的人應該會覺得第二個實驗比較簡單，而且簡單很多（如果你的狀況是相反過來，第二個實驗反而對你比較難，這可能暗示你的創造力比起你的記憶力厲害非常非常多，或者是你的記憶力……），當你在進行第一個任務時，是不是覺得要很聚精會神，東拼西湊的把腦海中的訊息，用有意義的方式組織起來，有一種絞盡腦汁的感覺，真是費神。

現在請你記得剛剛兩個實驗中的差異，並且容我和各位爸媽說明。

簡單來說重點就是，一個人要編造出一個不存在的故事，所要耗費的「認知資源」，比起說實話要多。編造的故事越合理，耗費的資源就越多。

「認知資源」，指的就是你主動投入並且專注處理一個特定任務時，所需要用到的大腦功能，好比注意力、組織能力、記憶力、整合能力……等等不勝枚舉。而這些資源一旦被拿來應付不熟悉的新任務時，就很難同時好好處理其他任務。

編造一個合情合理且能被接受的假事件，要花費很多認知資源，因為你必須要把事件的前因後果、事情發生的一致性進行非常嚴謹的組織，而且還要做到就算從被欺騙對象的角度來看也要合情合理才行。所以對於一個說謊的人來說，他其實要花很多的認知資源跟時間，來建構以及組織這個謊言，讓整件事情符合現實中的條件，並減少令人起疑的部分。同時，認知資源除了拿去編造故事跟處理細節以外，還有一部分要監控自己說謊時的狀態，包含語氣、表情、姿勢等等，這些配合一致，才有辦法增加謊言的可信度。

所以，要說一個頂級的好謊言，可不是這麼簡單的！

大腦功能必須要彼此協調，才能說出一個好品質的謊言佳作。很多父母也會慢慢發現，孩子的謊言從一開始的單純、簡單且完全沒有技巧可言，一直到後來複雜、有條理且合情合理的境界。因為謊言的品質，是由大腦功能來決定的。而一個人的謊言，如果幾乎天衣無縫令人找不出破綻，往往也可能代表說謊者的認知功能相當強大。

每個孩子都是天生說謊好手

究竟孩子從幾歲開始就會說謊呢？

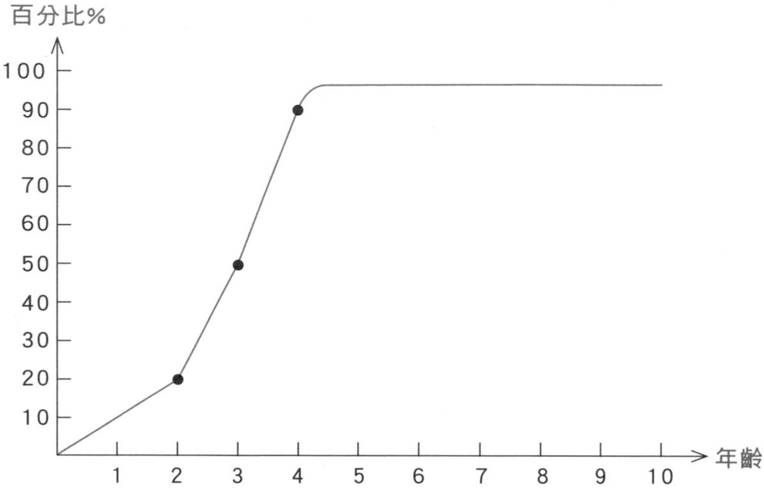

加拿大多倫多大學應用心理學系兒童研究中心主任KANG LEE教授，曾經針對一千多位二至十六歲的孩子，進行說謊行為的測試。結果發現孩子從二歲起就有二〇%的比例會說謊；到了三歲，說謊的比例升到五〇%；等到孩子們四歲時，九〇%，也就是將近全部的孩子都會說謊。

這也是為什麼我要恭喜你，當你發現自己的孩子開始說謊時，請先別急著擔心，因為這代表孩子開始具備包含心智理解力與自我控制力在內的大腦認知功能了，而這些功能都跟將來社會適應與人際協調的能力有關。

看到這，各位爸媽沒有突然覺得好矛盾，既然說謊不是件簡單事，需要一定能力才辦得到，但面對孩子說謊時，心裡仍然是五味雜陳，通常是生氣擔心多於得意或開心，這又是為什麼呢？

1-3

成長，就是說謊的開始！

在前文，我們有了兩個重大發現：

❶原來說謊或欺瞞的能力，是建立在能夠正確理解他人信念跟我們不一樣的基礎上。

❷這是一種涉及高級認知功能的行為，而這項能力也跟同理心的品質有關。

有時，同理跟說謊是同時出現的，我稱之為「體貼的說謊」。

體貼跟說謊，有時是同一件事情，為了同一個對象，為了展現體貼而選擇說謊，因為說謊能夠避免造成傷害或對方的感覺。要能夠說出體貼的謊言，某種程度上孩子是需要同理能力的。什麼是同理的能力呢？就是孩子能夠站在對方的立場去思考他的需求、感受、觀點，然後做出符合對方狀態的回應。

舉一個簡單的例子，在吃飯時有一道菜相當好吃，這時你忍不住嘖嘖稱讚，而當你夾給孩子吃時，他跟你說：「不用了，我吃飽了，你多吃一點吧。」這時候你覺得孩子是因為吃飽了，還是因為他想要把機會讓給你吃呢？

同樣是說謊，孩子的這種體貼謊言，是不是也要納入處理範圍呢？

因此，當我們再回過頭思考說謊這件事時，或許該問的並不是如何要求不說謊，因為那是人類為了生存而發展的能力，**我們更該追問的是，人為什麼要說謊？人在什麼情況底下會說謊？**這個問題，將會引導我們在面對孩子的說謊時，更貼近孩子的狀態。

孩子為什麼要說謊？

事實上，在生活環境中，孩子常常有練習說謊的機會。

比如玩捉迷藏就是一種說謊或欺瞞的遊戲形式。可別小看這個簡單的遊戲，一個孩子要能夠把捉迷藏玩得好，就要具備前一節所說「錯誤信念」的能力。

因為在躲起來的過程中，孩子必須要找到一個不會被發現的地點，這個過程要具備：「我知道一些他人不知道的訊息，而我同時也知道他人會知道一些我不知道的訊息」的心智理解力。也就是我知道你知道得跟我不一樣，這樣躲起來才有意義。要是我知道你知道我躲在這，這就不叫做捉迷藏了，頂多就是「假裝捉迷藏之沒在捉迷藏的亂跑亂叫遊戲」而已。

1-3 成長，就是說謊的開始！

孩子在幼兒園從活動、說話、應對，以及觀察中開始發展心智理解力，隨著入學年紀到來，這群天生的小小心智理解者進入小學階段。然而，也就在孩子進入小學後，說謊的形式跟內容，開始會跟遊戲中的欺瞞不一樣，這時他們說的謊會開始跟生活環境有關。

所以，通常只要遇到入學後孩子說謊的狀況，我就會問生氣中的大人，你知道孩子為什麼說謊嗎？通常大人給出的答案比較有限，多半是不知道。我會接著詢問，孩子在什麼時候說謊？說謊的對象是誰？說謊的內容是什麼？他的意圖是什麼呢？

如果往這些面向細細去看，你會發現說謊是個非常複雜，以及許多原因的綜合結果。而這往往又跟孩子所處的環境、他的動機，以及他的企圖有關。

孩子一說謊，大人就生氣？

不過，即便我們可以理解說謊牽涉到許多複雜原因，但是很多家長一旦發現孩子說謊時，仍然會氣到火冒三丈、七竅生煙，因為我們會有一種錯覺：過去天真無邪的孩子，開始出現了「說謊」這種邪惡不當的行為。這樣的孩子長大之後，可能就會帶著一個人格的「污點」生活著。

光想到這，就足以讓大人憂心忡忡，而在憂心的背後，是因為大人傾向把說謊看作是孩子人格的一部分。

這種想像一旦開始就會帶著憂慮出現，反而孩子的其他行為，像是熬夜、不運動、滑手機、默不吭聲、沒有個人意見，都不見得是我們會馬上擔心或生氣的，這是一個有趣的現象。或許背後的原因，就是擔心說謊會成為孩子的人格之一。

同時，另一個會讓大人生氣的原因，是因為一種隱約的不適感，來自於說謊往往會損害另一方在彼此關係中的信任感。當有人說謊時，通常意味另一個人的信念或認知，被說謊者刻意錯誤的引導，這將直接挑戰我們對人際關係的基本假設：人與人的關係，是建立在信任上的。

建立在信任上的關係，才表示我們彼此在對方眼中是有價值的、被看重的，所以說謊讓我們感到自己在關係中的價值被貶抑、被破壞了，這種感受會危害到一個人在關係中的安全感。而這種貶抑跟威脅的不舒服感受、這種安全感的破壞，在親子關係中更是明顯而直接，畢竟我們都希望在關係中是坦誠而無私的。然而矛盾的是，說謊既然是人性，孩子終究會說謊的，尤其是青春期的孩子，面對父母立場跟自己的需求對立衝突時，很容易用謊言作為屏障，一方面保護自己的隱私，一方面避免和家人的進一步衝突。

因此，當你發現孩子說謊時，其實你有兩層情緒：

❶ 一個是對孩子的擔心。

❷ 一個是你感到自己在關係中的價值被傷害了。同時你也會逐漸發現，自己被孩子用說謊的方式拒在門外。

在這些感受的加乘下，會暫時蒙蔽了我們對孩子為什麼會說謊的理解，而將焦點放在說謊的行為上。因此，這是我們面對說謊時，要好好思考清楚的一件事情。因為說謊是一個必須依據場合、意圖、目的做判斷的行為，不是一個單一原因導致的結果。裡面有許多牽扯交互影響的理由，只看到說謊，沒看到理由或真相，那將會導致關係中的災難。

談到這，我想我們大概可以理解一件事情，**說謊其實是一種人際關係中的狀態，而背後想要達成的動機才是重點。**如果我們不分青紅皂白直接處理說謊的行為，很可能就會失去了解孩子背後要呈現的重要訊息。也就是說，如果我們不試圖理解說謊背後的問題，只強調不能說謊，那孩子的問題終究是沒有解決的。而他學到的是不在你面前說謊，但不代表他不能隱瞞、迴避，或是用其他任何手段來處理自己的困境，這樣下去，你們彼此還是會因為對立而傷害對方。

因此，我們將會統一整理出孩子在發展階段中，所有可能遇到的說謊原因，以及處理的方法，讓爸媽在面對孩子的說謊行為感到生氣或氣餒時，能夠在具體方向中撥雲見日，釐清說謊背後的各種可能原因，並參考務實的做法。

chapter 2

說謊都是不得已？
孩子為什麼要選擇說謊？

別說孩子了，大人就沒說過謊嗎？當我們選擇用說謊代替實話時，必定有這麼做的理由？相反的，當孩子必須以謊言代替實情時，他的理由是什麼？這些理由是否比起說謊，更值得大人注意與關心？

本章匯集了絕大多數父母常遇到的問題：「小孩做錯事說謊不承認」、「老是騙我聯絡簿放在學校」、「我也不是沒給他零用錢，為什麼老愛拿同學的東西」……種種問題，一起一探導致孩子說謊的原因，以及實際改善的作法。

2-1

「我想當個好孩子」——為保持良好形象的謊言

在這一節開始前，先邀請爸媽試著勾選以下問題：

□你喜歡孩子積極勇敢嗎？面對事情不逃避，勇敢面對，不怕失敗。
□你喜歡孩子知書達理嗎？能夠專心學習，待人接物有禮貌。
□你喜歡孩子重視承諾嗎？信守對任何人的合理承諾，說到做到不用督促。
□你喜歡孩子自動自發嗎？不用提醒就能打理好一切。
□你喜歡孩子重視榮譽嗎？能夠自愛自敬，爭取個人或團隊的榮譽。
□你喜歡孩子聽話有禮嗎？不出言頂撞，不耍脾氣，虛心接受指教。
□你喜歡孩子溫順平和嗎？個性溫和好相處，不會有情緒暴起暴落。
□你喜歡孩子踏實守法嗎？做事認真不馬虎敷衍，小細節都做好。

「我想當個好孩子」——為保持良好形象的謊言

你喜歡這樣的孩子嗎？我自己是喜歡的，因為如果孩子能夠這麼完美，我可以放下好多不必要的擔心，我可以不用生很多的氣，上面每一個我都喜歡，我也都希望孩子都能具備，但我發現：

□你是個積極勇敢的人嗎？面對事情不逃避，始終面對，倒下也不足惜。

□你是個知書達理的人嗎？求學努力認真，愛閱讀、思維清楚邏輯清晰。

□你是個重視承諾的人嗎？不管對工作、家人或朋友，說到做到沒有例外。

□你是個自動自發的人嗎？家務從來都是主動做，在公司是公認的拚勁王。

□你是個重視榮譽的人嗎？

□你是個聽話有禮的人嗎？你媽媽、爸爸、隔壁鄰居以及上司都這麼說過你。

□你是個溫順平和的人嗎？從來沒有跟伴侶生過氣，外號叫做彌勒佛。

□你是個踏實守法的人嗎？沒闖過任何黃燈或紅燈，或任何法律禁止的事情。

我自己都很難完全做到上面的任何一點。所以大多數時候，我們都不太是理想中的樣子，但是我們卻常常期待孩子長成我們理想中達不到的樣子。

讓孩子做自己，誰的自己？

不論是在治療所、診所或是學校，我跟許多孩子單獨會談時，往往會好奇一件事情，他們過去在家中是怎麼長大的呢？他們是怎麼長成眼前這個樣子的呢？在長大的過程中，他們如何與家人互動，又是如何面對家人的要求？

「他們被允許依據自己的意思做決定嗎？」

「如果不允許，他們得到的回應是什麼呢？」

「他們被允許表達自己的情緒嗎？」

「如果不允許，他們得到的回應是什麼呢？」

這是我最常掛在心中的疑問。

這並不是從一個孩子的家庭環境、學習或是物質生活來評估孩子的身心狀況。而是每一個孩子長大的方式，都跟他在家中被期待，以及被給予回應的方式影響。所以要認識每一個孩子現在的樣子，就要看到他過去跟家庭互動的方式、回應爸媽權力的方式，以及處理自己需求與情緒的能力。

我發現，大多數我接觸的孩子，在家中往往不太被允許表達自己的情緒，也就是當他們表達情緒時往往是被忽略的。甚至有些孩子，不被允許擁有自己的想法跟個性，但是卻被要求成為一個品學兼優的「好孩子」。如果沒有辦法品學兼優也要打對折，至少要成為品學普通的好孩子。

成為「好孩子」，就意味著有一個「好」的標準存在。不過有趣的是，我們所謂的好孩子，基本上都是他人眼中的好，比如功課好、品行好、上課秩序好、守規矩……等等，這些標準從來都是外在規範所賦予的。就像是模範生選舉一樣，代表的是一種外在價值的框架，你從來不會看到一個模範生的選拔，標準會是願意嘗試承擔責任、能試著撫慰自己的情緒、能貼近自己的心情、能對自己感到熱忱的事情執著努力、能不畏權威勇於表達自己的想法……等等，從來沒有，因為這些標準有一些太過抽象，有一些甚至危害大人的權威。

因此，要成為一個東方文化中的「好孩子」，是一個很大的心理包袱，這個包袱大到幾乎不太能夠擁有犯錯的權利。對孩子來說，很多時候為了要維持這個形象，只能用「謊言」裝飾自己好孩子的形象，遮掩任何會危害形象的威脅。因為好孩子不犯錯，正常人才犯錯。但是這種好孩子形象若是背負得久一點，對孩子來說是很分裂的，因為他要維持自己的外在形象，有時就必須犧牲自己的內在感受，所以我們常常發現孩子在面對父母時，通常會傾向說出自己「好」的一面，不太說出自己不夠好的行為。

一直以來，我們並沒有真正去理解，孩子的內在，是什麼樣的一種存在。

孩子們之所以選擇隱惡揚善的說謊形式，不少比例是因為不希望家人失望，或是擔心，而家人的狀態似乎會引發孩子的某些罪惡感。這是一個很有趣的現象，為什麼家人因為孩子的狀態難過，會引發孩子自己的愧疚進而選擇說謊呢？這背後的理由就值得好好的解釋說明了。

你能接受孩子的不完美嗎？

孩子和家人關係緊密，也會關照家人的情緒，理解到家人在乎自己，因此自己好，家人才會跟著好。其實這是合理的心態，自己跟家人的關係是相當緊密的。不過在東方文化中的家庭，較強調以家庭為重，因此孩子在自己跟家人之間，比較容易傾向以家人為主的心態。這種心態背負著家人的期待、盼望、價值……等等，當孩子內心背負著家人大量的盼望時，就會傾向否認或抗拒自己不好的狀態，因為萬事要以家庭為優先，這種價值觀會導致孩子逐漸壓抑或隱藏自己。

所以在家人面前，孩子傾向先討好家人的感受，把自己的感受放在其次，往往是因為自己在家中的位置是小而無力的、是被大人期待的、同時也是有家族使命的。

當這些東西過大過重時，孩子自然就會否定或壓抑自己的感受，先照顧家人的感受。對孩子來說，這種照顧到家人、讓家人開心的感覺挺好的，只是他必須不那麼真誠的面對自己。大部分孩子的心理耐受度是可以承擔這種分裂的，但是當承擔不起的時候，有些孩子就會反作用的把這一切全部拋下置之不理，形成另一種對抗的關係。

因此，孩子從很小就慢慢學習，如何在父母親面前扮演出一個好形象。能力好的孩子自然能夠扮演好，但是在扮演並且維持好形象的過程中，他也慢慢在父母面前偽裝起自己真實的一面，因為在真實的背後，有他難以承擔的罪惡感，也有他知道難以被接受的壓力。

成為孩子情緒上的後盾

該怎麼辦？

讓孩子能清楚表達自己，也能關注大人，但並非以照顧大人或甚至附和大人的期待為主。

孩子不會是完美的，因為這違反人性，每一個人終究都要學習跟自己的不完美相處。學習面對自己的不完美，並且試著將它納入自我的一部分，而這些認識跟學習，往往必須先建立在大人的接納上。我們看到並且接納了，才能夠讓孩子自己也跟著接受。因此我們在面對孩子不完美的態度時，就顯得重要。

□你能接受孩子表現出懦弱、逃避的一面嗎？
□你能接受孩子對學習抗拒而拖延的一面嗎？
□你能接受孩子不夠大方，害羞扭捏的一面嗎？
□你能接受孩子容易只想到自己，不夠博愛的一面嗎？
□你能接受孩子在情緒中的失落、難過與生氣嗎？

當你能夠接受孩子的這些時，孩子才有辦法在誠實面對自己與照顧大人的需求之間，為自己找到一個比較安適的平衡點。

這不是一個簡單的過程，因為當我們面對孩子的不完美時，我們會有很多的挫折、擔憂與憤怒，這些情緒雖然因為孩子而起，但我們身為孩子畢

2-1

生的家人與教育者，就有責任去消化這些情緒，再將它以不壓迫的方式回應給孩子。

所以從本章開始，在面對孩子對責任的逃避、學習的低落、被拒絕的抗拒等生活必定會發生的狀況上，我們試著一步一步的陪伴各位爸媽，一起走上和孩子合作共好的道路。

2-2

「怕承擔責任、怕大人生氣」——為了逃避責任感的謊言

如果將說謊定義為「**既違背事實，選擇使用遮掩、迴避或是創造不存在事實的方式，用語言或行動達成自己的目的。**」那麼，「逃避」也算一種謊言，也就是利用行動的方式，以達成不用面對事實的結果。

所以從這個角度來看，逃避責任也是一種說謊，對於自己該承擔的責任，迴避了必須接受或承擔責任的事實。像這樣逃避的說謊有很多種表達方式，像是開玩笑、推諉責任、避重就輕甚至搬弄是非……等等。

當一個人只是為了逃避責任時，你會發現這個人的人格缺少一致性，因為他的生命主軸是在逃避，而不是面對。

通常人們在迴避什麼呢？迴避衝突、迴避表達自己，但最多人迴避的其實是責任。因為要承擔責任，是一件相當不簡單的事情，這不是人的天性，而是一種智性的發展；順著天性非常簡單，但要依從智性，則需要後天的培養。

很多時候為了逃避而延伸出的手段，將會為自己帶來很大的麻煩，也會造成他人的困擾，不過最重要的是，無法在自己的經驗當中得到任何有意義的學習，將是相當令人遺憾的一件事情。

當孩子犯錯時……

責任感的英文是RESPONSIBILITY，如果把這個字拆開來看，責任其實有兩個很重要的元素，一個是回應（RESPONSE），一個是能力（ABILITY）。**一個有責任感的人要具備回應的能力，回應什麼的能力呢？回應自己行為後果**

的能力。也就是說，當一個人能夠承擔自己行為的後果時，這就是一種責任感。

要學會在理智上承擔責任，其實是一個相當困難的過程，因為往往當責任出現要你扛的時候，一連串的擔心、害怕跟恐懼，就已經讓我們傾向趕快先逃離再說了，這雖是人之常情，但引發的代價卻是讓我們不斷失去每一個承擔跟學習的機會。因此，我們應該思考的是如何在生活當中，逐步培養孩子面對犯錯的能力跟心理素質。

大家先回想看看，孩子犯錯時，我們大部分是如何處理的呢？

案例

爸媽要求孩子洗碗，孩子洗著洗著開始玩了起來，一不小心把碗打破了，碗碎裂在地板上，孩子愣在一旁。

家長的反應

當孩子因為意外而不知所措時，爸媽看到東西壞了，孩子卻沒有反應，馬上就會感到心煩，覺得孩子事情沒做好就算了，竟然還呆站著不會處理。

於是我們開始生氣，「怎麼每次都這樣」、「說了幾次要小心要小心都沒注意」……瞬間啟動責備模式，一邊整理一邊責備，等到事情處理完之後，警告下次再犯就要處罰，或是揮揮手叫小朋友離開。

以上過程，我們整理後，大概會得到下頁的流程：

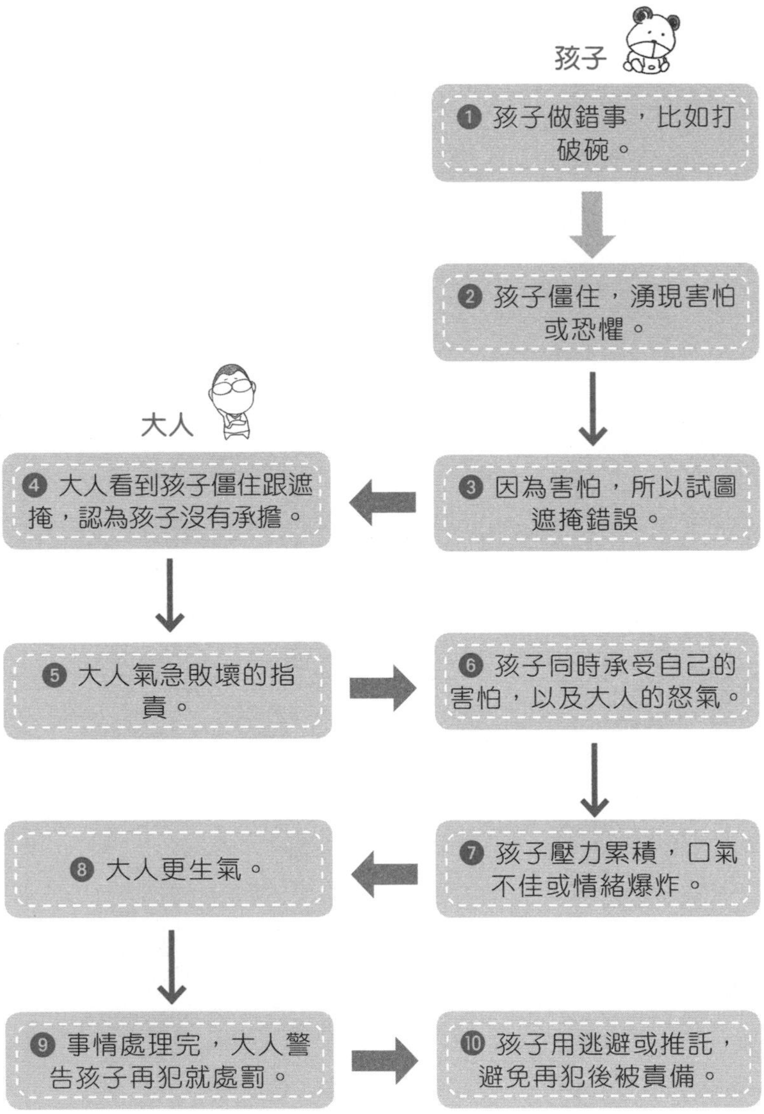
孩子
❶ 孩子做錯事，比如打破碗。
❷ 孩子僵住，湧現害怕或恐懼。
❸ 因為害怕，所以試圖遮掩錯誤。
大人
❹ 大人看到孩子僵住跟遮掩，認為孩子沒有承擔。
❺ 大人氣急敗壞的指責。
❻ 孩子同時承受自己的害怕，以及大人的怒氣。
❼ 孩子壓力累積，口氣不佳或情緒爆炸。
❽ 大人更生氣。
❾ 事情處理完，大人警告孩子再犯就處罰。
❿ 孩子用逃避或推託，避免再犯後被責備。

如果細看整個流程，你有沒有發現大人生氣的部分，往往是❶、❷、❸以及❼。現在我們來仔細拆解其中的狀況說明。

❶：任何人都有可能犯錯，而人生就是無法預料跟控制，所以犯錯是人生的常態。

如果我們無法接受犯錯是常態，便很容易苛責孩子的犯錯行為，結果更容易和孩子發生挫折跟衝突。

❷、❸：一般來說，當人們遇到預期之外的重大緊急事故時，大概有六成以上的人會陷入一種異常冷靜而沒有反應的狀態，稱之為「負向恐慌」。在這種狀態下，人們表面上看起來僵住了，沒有做出應有的反應，這是因為大腦在短時間之內受到太多刺激，一時反應不過來。如果這時又出現壓力跟負面的情緒反應，可能需要更多時間才能反應。

同時，當我們遇到緊急狀況時，往往會習慣先看看周邊的人怎麼做，隨著大腦的鎮定，再開始由理智思考下一步的反應。因此當孩子做錯事、出現意外時，往往也會有類似狀態，所以如果第一時間責備孩子，通常也會讓他大腦的刺激雜訊變多，更難處理當下的狀態。

❼：當孩子因為責備、心慌意亂而口氣不佳時，會讓他招致更多的責備，於是他學到了一件事情：做錯事就會被罵，下次如果不能避免，那就乾脆放棄面對，或是逃避面對。

於是，這個逃避錯誤的循環就慢慢建立起來了，當下次又發生類似意外或錯誤時，我們又會變得更生氣、指責更多（都跟你說過多少遍了，講不聽罵不聽！這次又給我搞出這樣的麻煩……）。

培養孩子的責任感

看清楚事件發生的流程後，當孩子犯錯時，大人就可以比較清楚如何拿捏調整你的態度。孩子做錯事情，大人生氣是很合理的，不過也可以利用這個機會，培養孩子勇於面對錯誤、肩負承擔責任的態度。

作法很簡單，只要堅守幾個原則就好。孩子做錯事時，一碼歸一碼，這次的事件就這次處理，先不翻舊帳（別忘記這時孩子的大腦也在混亂狀態）。

❶解決問題。

讓孩子先試著把問題善後，比如摔破碗，就請他把破碗按部就班處理好、弄亂了空間就想辦法修理或回復原本的狀態。

▲目的：不是逃避裝沒事，而是先思考如何處理眼前的狀況。

❷事後檢討。

問題解決了，事後記得詢問孩子：「如果再重頭來一次，你會怎麼做？」透過這個問題，讓孩子能夠重新檢討自己的行為跟流程，注意到當初該注意而沒留意的細節、去思考新的方式或技巧。

▲目的：經驗的學習，往往都是在事後檢討才有辦法學會。

❸面對後果。

詢問孩子，若下次再發生同樣狀況，他該承擔什麼後果？以及請他說服你，為什麼要接受他自己提出的處罰方式？

▲目的：讓孩子自己說出他該面對的後果，他比較能夠心甘情願的接受自己的承諾。

❹表達情緒。

家長當然可以表達生氣，不過生氣之後，我們也要思考如何讓孩子從錯誤中真正學習。

▲目的：記得提高「學習」的比例，最理想的方式就是讓孩子自己歸納錯誤的原因，並且練習或提出新的改善方法。

當孩子在這樣的氛圍中面對錯誤時，他可以學習不用逃避作為手段，而是思考如何在經驗中改進。

2-3

「媽媽，我想要一隻手機」——為了達成目的而說謊

我跟孩子聊天時，通常也會很好奇當孩子想要買玩具、想要跟同學出去玩、看電視，或甚至是想要買手機時，他們會如何跟爸媽提出要求，以及當他們提出要求之後，爸媽的反應是什麼。

我會特別關注這個，是因為家人如何回應孩子的要求，往往也是一個決定溝通是否順暢的指標。一旦溝通的品質不佳，孩子可能會以說謊、取巧等旁門左道的手段來滿足自己的要求。

所以討論說謊時，就不能不觀察孩子們是如何提出要求，以及家人如何應對。

用條件交換的要求

國小中低年級的孩子，對這個問題的經驗似乎有限，都會直覺的表示：「爸爸說等做完就可以……」、「媽媽說再看看」、「這個不可以」……，我再進一步問為什麼不可以呢？孩子多半搖搖頭，好像我問了一個蠢問題。

年紀越大的孩子，通常他們接收到大人的回覆會是：「不可能啦，這不用想」、「爸媽都說不行」、「爸媽覺得可以就可以」，如果再進一步問孩子，什麼條件下爸媽會答應你的要求呢？孩子通常會說考試考得好，或是有幫忙做家事就可以等等。當我好奇為什麼有些要求不會被答應的時候，孩子會說「因為大人說那對我不好」、「沒什麼理由」、「我哪知道？」

同樣的問題放在國高中的孩子身上，他們會說：「要看狀況，通常如果我表現不太差應該可以」、「沒特別提什麼，提了也沒什麼用」、「跟大人沒什麼好聊的」……。

把孩子們大部分的回應整理之後，可以得到一個比較概略的面貌：大人在面對孩子提出的各式具體要求時，通常會希望孩子先達到某個標準或表現，才有說話的餘地。通常會用學校成績或是作業表現作為標準，其中，又以考試成績是最好評估的標準。

事實上，不少孩子為了得到心中期待的權利或物品，也會願意透過在課業或學習上的努力來達成目標，於是家長可以驅策孩子用功，孩子可以拿到獎品，這是一個故事結局皆大歡喜的版本，故事的架構大概是這樣：

想要的動機↓提出要求↓大人提出標準：課業↓孩子去做↓達標↓獲得禮物（如果大人說話算話）↓皆大歡喜↓孩子有動機（重複循環）↓美好人生。

理想情況

不過，事實往往不是這樣的，結果通常是這幾個版本：孩子覺得要達到標準太困難，不想嘗試就直接放棄、嘗試後沒達到目標很失望只能接受、孩子不跟你玩這一套、孩子對學習沒興趣，所以也提不出什麼要求、孩子透過其他方式去達成他的要求、孩子用作弊、說謊等取巧的手段來達到標準。

爸媽看到這些結局生氣又難過，於是孩子之後再提出要求時就很難被信任，畢竟過去的紀錄不佳。漸漸孩子不再提出需求，我們也不用回應。

所以真相應該是這樣的：

想要的動機↓提出要求↓大人提出標準：課業↓孩子去做↓因為各式各樣的原因無法達標↓自責或被指責、大人生氣小孩挫折↓要求無用↓動機仍然存在　↓取巧手段（包含說謊）↓被發現↓自責或指責、大人生氣小孩挫折↓溝通無望、人生歪掉。

實際情況

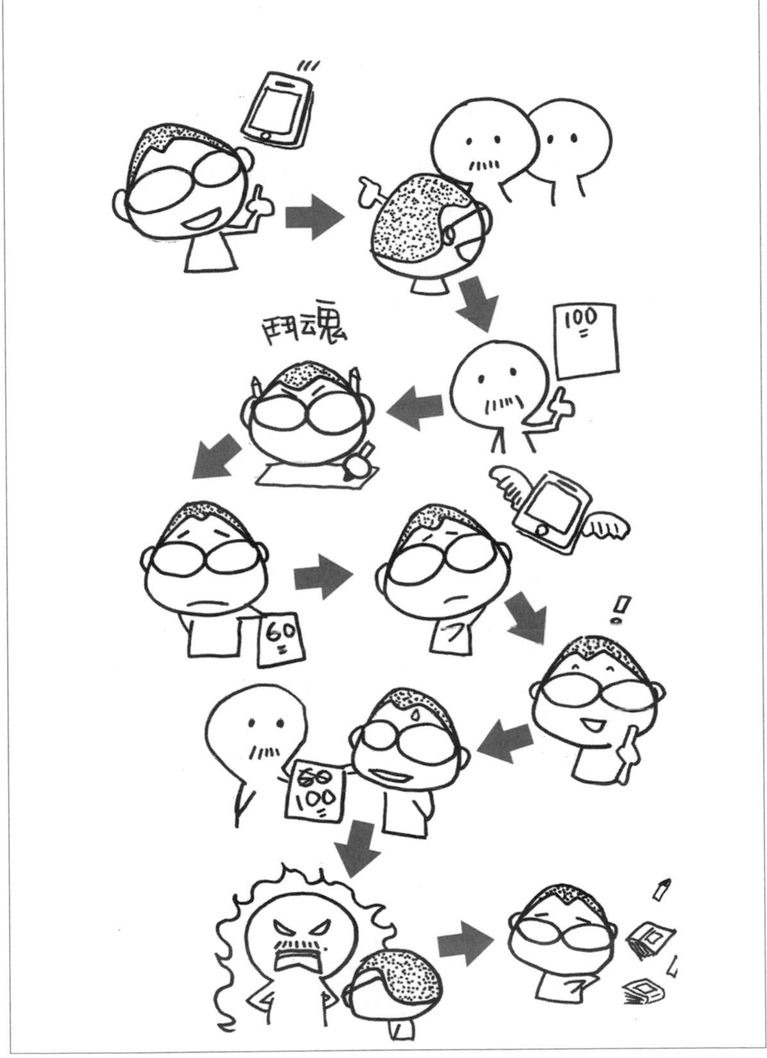

看到這我們會發現一件事：故事的轉折關鍵，在於孩子並不是總能在考試或作業達標；就算達標，得到想要的東西之後，那學習這件事情怎麼辦？等下一次動機再出現的時候嗎？孩子如果不斷學到用成績來換取獎品，這是我們對「學習」的態度嗎？他會不會有一天反過來用這個威脅我們，不給他獎品就不學習呢？用成績來交換需求似乎有很多疑慮存在，那面對孩子的要求時，我們又可以怎麼辦呢？

換個角度看「要求」

請先想像，當孩子向你提出「想要買手機」的要求時，你的答案是「買」還是「不買」？你會發現，當我們面對孩子的要求時，若把孩子表達想法的行動看做是「要求」，就會只剩下答應或拒絕兩個選項，頂多再增加一些標準或條件。若是把考試或作業跟孩子的要求綁在一起，除非孩子動機很強、能力平均，否則往往無法得到大家都滿意的結果。

因此從現在開始，我要請爸媽試著用新觀點來看待「要求」這件事。

把孩子的「要求」看為是「說服」的過程，也就是孩子要嘗試說服你，他為什麼能夠得到你的支持的過程。這樣一來，孩子就不再只是提出要求這麼簡單，而你也不會只剩下答應或拒絕的選項。

在說服的過程當中，孩子必須要做到以下四大原則「因、弊、則、責」。

❶原因：說明要求這項東西的理由

很多時候我們的要求只是「想要」，而不是「必要」，尤其是孩子或青少年看到同學或朋友有了某些東西後，他也想要，但這些想要並沒有建立在實際的需求上。因此當孩子在說服你時，他必須能夠清楚說明為什麼需要這樣東西。

以手機為例，許多青少年都希望擁有手機，然而擁有手機究竟是為了聯絡方便？為了炫耀？為了玩遊戲？這些孩子都必須先向你說清楚。

❷利弊：說明擁有這些東西後，可能帶來的好處跟壞處

每樣東西都有利弊兩面，思考得越清楚，就越能夠掌握自己的狀態。

同樣以手機為例，孩子除了必須說明擁有手機的好處以外，也應該要說清楚擁有手機的壞處是什麼、可能會發生的風險是什麼。

❸原則：權衡利弊之後，自己使用時的原則

當孩子衡量了擁有物品的利弊之後，就要設法讓你相信，他可以透過什麼方法，盡量避免弊端以及風險的部分，這包含使用的原則是什麼、使用的界線在哪裡？評估自己能做到的有多少。

像是擁有手機這件事，孩子要在事前能夠說清楚，他會怎麼使用、使用的條件是什麼？（比如在寫完功課之後使用，每天或每週可以使用多久……）、終止的條件是什麼（比如要維持原本學習的品質……）等等，這些由孩子自己規劃後跟爸媽協商，孩子自主管理的可能性才會提高。

❹ 責任：當達不到使用原則時，該承擔的後果

當原則說清楚後，同時也應該說明當自己違反使用原則時，怎麼辦？爸媽是否有權力介入？又或者是否有改善或觀察期，在這段期間該做到什麼努力爭取恢復權力？

當孩子能夠清楚說明這四點時，他也較能理智判斷自己的要求是否合理。在這過程中，雙方也比較不會因此陷入草率答應或直接拒絕的武斷局面，這對於家庭的溝通品質會有正面的幫助。當家裡的溝通管道順暢，需

求能夠被討論、被聽見，自然就少了謊言發揮的空間。

除此之外，在引導孩子說服我們的過程中，你也在幫助孩子訓練三個非常重要的溝通核心能力：

❶勇敢表達自己的想法。

❷傾聽接納他人的立場。

❸謀求彼此最大的共識。

這三個能力在職場中相當重要，缺乏任何一個都可能帶來適應上的問題。如果孩子只是一味順從他人的要求，不敢表達自己的想法；或是只堅持自己的決定，而聽不進他人的建議，不管在人際圈或是職場上，都可能讓他陷入比較極端的處境，造成其他相對或連帶的影響，也非父母所樂見。

所以，當下次孩子對你提出還算合理的要求時，在你拒絕或答應之前，不妨先思考看看，如何利用「因、弊、則、責」的方式，引導孩子跟你進行一場說服的溝通之旅吧。

2-4 「作業沒寫完、功課沒做」——執行力不足而引發的謊言

另一種與孩子說謊有關的煩惱，是孩子對於事情的執行力不足，自己安排的事情做不到，或是答應家長要做什麼事情，卻只是說說而已，搞到最後不是敷衍就是說謊逃避。這種因為自我管理能力不足而導致的說謊行為，在生活中也不少見。

比如孩子答應你要在段考前寫評量，他自己安排了計劃表，結果計劃都只有寫在紙上，完全沒有實踐，最後只能扯些有的沒的藉口，而不願意面對自己的推託，實在令人生氣。

為什麼要孩子自律這麼難呢？如果一天到晚都要大人三催四請，要如何培養孩子的自律能力呢？這大概也是很多大人心中的疑問。

要求孩子自律好難？

自律，是一個很抽象的概念。大致來說，指的是一個人能夠做到良好的自我管理，而自我管理包含自我監控、行動執行力……等等。所以一個自律能力好的人，應該可以把自己的生活、角色、要求等等都做到，不太需要旁人（對孩子來說是家長）的過度介入。

再說的具體一點，你可以把「自律力」看成是孩子完成一件計劃的執行能力。完成計劃是需要時間的，比如準備考試、參加比賽……等等，而這種需要時間投入的計劃，也需要時間等待結果，因此孩子從計劃、執行，一直到結果的完成度，也是一種自律力的展現。

那麼，自律力可以培養嗎？

研究兒童認知發展的著名心理學家皮亞傑認為，大多數孩子發展自我管理的過程，都是先經由「他律」的階段，再逐漸慢慢過渡到「自律」的結果。也就是說孩子先要有外界的架構跟規則，幫助他長出自律的能力，才能邁向自我管理的人生。而對孩子來說，他的生命中最早能夠提供「他律」的人，當然就是爸爸媽媽了，因此父母往往也會理所當然的對孩子提出許多規範與規則，這些就是孩子開始形成價值系統的開始。

然而從「他律」到「自律」的過程，並不是一個突然的階段性改變，往往都是一個程度的轉換，好比是百分比的概念，這個增加，那個減少；而影響兩者百分比的關鍵，就在於爸媽的態度以及孩子能力的發展。

對絕大部分學齡前孩童來說，基本的自我照顧都還不會，所以父母幾乎肩負起所有的照顧責任。隨著孩子會爬、會走、會說話之後，能探索的世界越來越大，爸媽的角色就越來越退居到一旁，這時孩子的自律就慢慢在爸媽的規範或要求中成長，像是如廁訓練、吃飯用餐具、刷牙、收拾與整理……等等，這些都是在爸媽的退出後，孩子才能夠進入學習。

給孩子自主的機會

很多父母跟孩子動怒，往往是因為覺得孩子很被動，如果不叫就不主動，但一旦叫孩子做事情，自己不開心，孩子也不舒服，因此鬧得大家都不愉快。

在這個衝突中，一邊因為孩子不主動家長只好自己先自動（發號施令）而生氣，一邊則是孩子不想要被控制而開始為反對而反動（反抗自動）。總之父母看孩子就覺得他想拖延，妄想從父母的耐心中擠壓出任何一點敷衍的空間，於是衝突就一來一往的發生了。

然而事實上，自主與自律，往往是一體的兩面，但彼此又是不一樣的概念。孩子有機會為自己自主，才有機會學習管理自己，因為他必須從自己的犯錯或經驗當中學習，知道事情的後果與傷害，慢慢形成思考與行事的風格。如果家長事事都透過命令掌控孩子的行動，乖一點的孩子不太會反抗爸媽的權威，但相對的，他們也會失去對自己的探索跟理解，這是相當可惜的事情。

多年來，我在和許多大學生的諮商中，發現他們對於自己的想要跟興趣普遍不太了解，甚至有不少孩子認為從沒有機會問過自己這個問題，以至於在生活中失去了動力，滑出學習外的成長軌道。每每和這些學生討論起家庭中的成長經驗，往往都會有一個過度掌控的家長在其中。

自主課學分要是被當掉，將會擋修青少年的自律課。孩子的成長會越來越需要自主的空間，好比說，爸媽若是觀察孩子的房間，就會發現孩子在自主意識上的發展跟改變。小時候大人怎麼擺放房間中的物品，孩子通常意見不多，但青春期之後要是隨便走進孩子的房間，他不僅會翻白眼甚至會口氣很差的嗆你不尊重隱私。

不給予孩子自主的機會，孩子就很難有機會學習自律；但就算給了孩子自主的機會，也不代表孩子就能夠學會自律。所以父母實在是非常難為。或許相對理想的方法，就是設定界線，讓孩子擁有一定自主權，但也必須尊重爸媽的底線跟原則，而這就需要不斷的來回折衝跟爸媽一致堅定的立場。同時，爸媽也可以思考如何促進孩子的自律性，通常比較符合人性的方式，就是把長期目標透過視覺呈現的方式，化成可以每日逐步完成的小目標，所以這有兩個重點：

❶ 把抽象的問題視覺化。

❷ 將大目標切成小目標。

舉例來說，如果我們一下就把計劃定在半年後要達成的目標時，任何人都不會想要現在開始動作，總是會慣性拖延，畢竟半年實在是太遙遠的時間。大人如此，孩子就更不用說了。因此，把抽象的目標視覺化，同時切割為每日可以完成的小目標，就會比較好操作。

拿準備會考或指考來說，現在請孩子準備三年後的考試，根本就是緣木求魚，因此學校會有三年學制，每一學期都會有期中期末考、段考或月考，平日有小考，這些都是把大目標切割成小目標的作法。在家中也可以使用同樣策略，對於國小階段的孩子來說，可參考本節最後P.100的附件「每日行事曆」。

別急著吃棉花糖，然後呢？

說到自律，就不能不介紹在七〇年代，美國一位卓越的心理學家華特・米歇爾（WALTER MISCHEL）。他當時在史丹佛大學期間進行的經典心理學實驗，一直到今日仍然在許多教養、教育書籍中占有一席之地，並深深影響許多人對於自律的看法。

米歇爾的實驗我們稱為「棉花糖實驗」。實驗內容相當簡單：

米歇爾找來數百個幼兒園兒童，請他們個別進入實驗室，實驗室內只有一張桌子，桌上就一個碗，裡面擺著一顆孩子們最喜歡的零嘴：棉花糖。

米歇爾告訴孩子他將離開十五分鐘，房間內只剩下孩子跟棉花糖，如果他出去期間孩子沒有把棉花糖吃掉，在他回來後孩子就能多拿到一顆棉花糖。研究從頭到尾沒有其他的實驗操作，只有研究人員躲在單面鏡後透過攝影機觀察孩子們的反應。

實驗結果發現，差不多七成左右的孩子，最後都忍不住把棉花糖吃掉了，只有三成的孩子可以忍到米歇爾回來。

實驗最戲劇化的部分，是米歇爾隨後每隔十年就追蹤一次這些孩子的成長狀況，結果發現當年忍不住吃掉棉花糖的孩子，長大後在不管是學業、工作或生活品質等等各個方面的表現，都沒有那些能忍住不吃棉花糖的孩子來的好。當這些孩子四十歲時，他們發展的差異越來越大，越能忍住不吃棉花糖的孩子表現得越好，心理學家發現這類能夠自律的孩子，普遍都有一個特質，叫做延宕滿足（DELAYED GRATIFICATION）。

從此，棉花糖實驗的結果迅速傳遍世界各地。研究發現讓我們了解，原來有些孩子天生具備自我規範的能力，但隨之而來的問題就是，在生活中有沒有什麼方法能夠培養孩子延遲滿足的能力呢？

於是開始有許多後續研究，探討如何透過訓練增加孩子延宕滿足的能力，像是在棉花糖前想像別的東西、轉移注意力……等等。當你看到這，你有什麼想法？該不會跟我一樣，有一種想要直接放下這本書出門買棉花糖的衝動，然後開始教孩子忍住不吃，藉此鍛鍊他們的意志力與自律力（想來你應該已經在準備換衣服出門了）吧？

但是！（人生的轉折關鍵往往就是一個「但是」）在你準備出門買棉花糖前，請務必再把另一個棉花糖實驗看完。

就在不過幾年前的時間，美國羅徹斯特大學的莎莉絲・凱蒂（CELESTE KIDD）博士，她和實驗室同仁決定重新做一次當年經典的「棉花糖實驗」進化版。

不過不一樣的是，這次凱蒂還在實驗中加入一個人為的操弄，研究是這樣進行的：

凱蒂在進行棉花糖實驗之前，先設計了兩種不同的情境。在這兩種情境中，研究人員都答應孩子提供他們使用一些新奇的文具用品，然後就離開房間留下孩子一個人。幾分鐘後研究人員回到房間，其中一組研究人員真的將文具用品拿了進來，而另外一組的研究員則失約了，他們對孩子說：「文具用品沒有在這。」

接著，這兩組孩子全都進行當年經典的棉花糖實驗，結果令人感到相當驚訝。

研究員信守承諾的組別，孩子能夠忍耐的人數，整整是違背失約組孩子的四倍，而且前一組的孩子比後一組孩子整整可以平均多忍耐三分鐘的時間。

相信未來，才能克制現在

這個研究大大翻轉了先前的研究結果。令人想不到的是，孩子的自律竟然會深深受到大人是否信守承諾的影響。看到這，你還準備買棉花糖？或是你有更深一層的想法或啟發呢？

從凱蒂的棉花糖進化版實驗中，我們可以看到一個很重要的元素：大人對孩子的承諾，將會深深影響孩子對「未來」的看法。如果孩子相信現在的延遲會在未來得到回饋，他就能夠逐漸增加對於現況的忍耐；如果孩子覺得未來不值得期待，他當然會把握當下的享樂。

或許，當我們在責怪孩子為什麼無法自律之前，我們該好好思考的是，我們在孩子心中樹立的是什麼形象？對孩子來說，當你持續遵守承諾，並且努力實踐時，孩子便能在你身上建立起對「未來」的相信。當孩子相信現在的某種努力，可以在未來得到回報時，他們便會更加願意在此刻投入努力。

附件：每日行事曆

Ⓐ**適用年齡：**七～十二歲。

Ⓑ**說明：**每日行事曆，是將長期的抽象目標切割成每日可以完成的小目標，並且加上獎勵機制，讓孩子的行動可以得到外部的獎勵（在學習部分的內在動機，建議參考「和說謊有關的學習態度」一節的說明）。

Ⓒ**使用方法：**

❶ 利用便利貼將孩子每日固定要完成的事情逐一寫下，放在孩子的書桌前或桌墊下（視覺化提醒）。

❷ 每完成一項，就可以將他移到完成的格子裡（自我獎勵），並依據完成品質給予適當的點數。

❸ 最後每週結算一次（延宕滿足）。

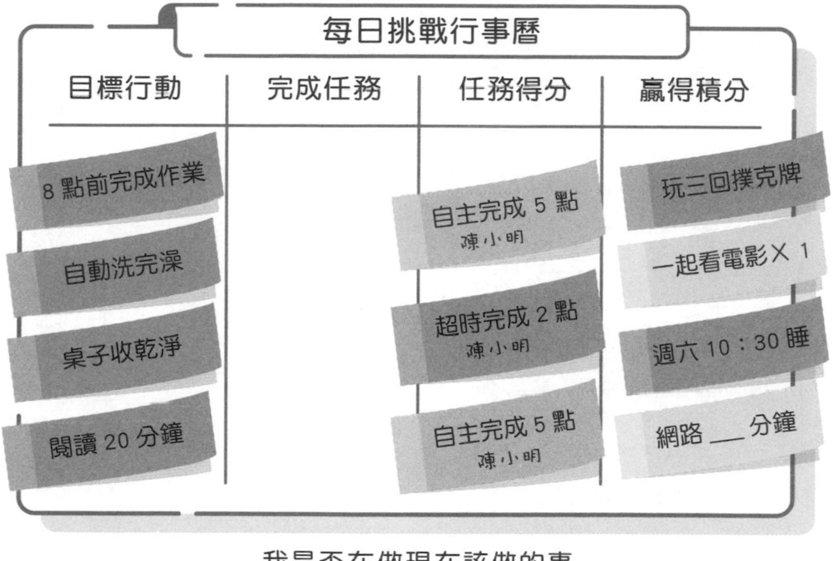

我是否在做現在該做的事

2-5

「不想念書、對學習沒興趣」——學習意願低落而說謊

近年來，很多孩子會在學習或作業上出現說謊或是逃避的行為，這多半是因為孩子對學習提不起興趣，但是又必須不斷面臨課業壓力，於是開始用說謊的方式來逃避。

在國內一份親子雜誌，針對父母親的調查研究中赫然發現，國中階段（7～9年級）的孩子整體學習低落的情況竟然高達四十四%，幾乎一半的孩子在學習上都出現了低落的傾向；而且隨著年級而逐次遞減，七年級的孩子學習動機比八年級高，八年級的學習動機又比九年級高。也就是說學習越多年的孩子，變得越來越不喜歡學習這件事情。

偏偏學習是孩子們學校生活中最主要的部分，一旦失去學習興趣但又必須面對時，就是謊言出場的時機了。

比如，有的孩子會假裝忘記帶聯絡簿回家、忘記帶功課來學校、遺失作業本，甚至開始抄襲、逃避……。等等，這些都可以看做是因為拒絕學習而引發的謊言行為。這讓很多家長頭痛不已，也絕對不是我們樂見的結果。

拿掉處罰跟權力之後

人都是有惰性的動物，在學習時難免會有想要放鬆的時候，但是當孩子出現偷懶或敷衍的情況時，我們普遍就是採取處罰、責罵的方式。

好比說，孩子不寫作業，在學校老師就罰寫課文或背唐詩、在家裡就禁止孩子看電視或玩遊戲等等。孩子的確是必須面對逃避的後果，不過後果

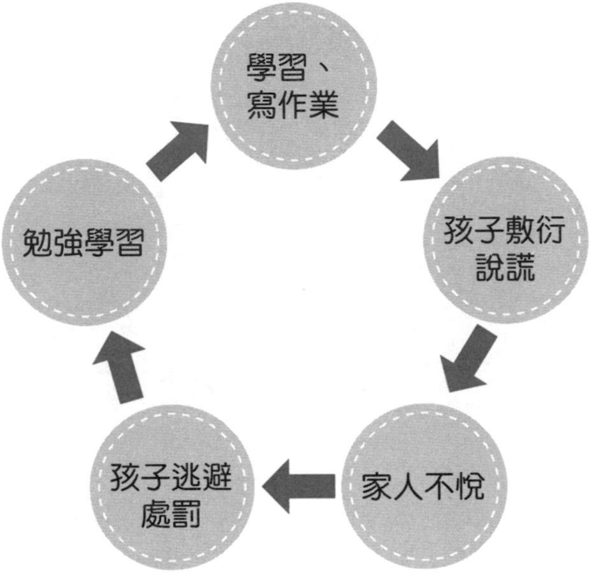

圖一

幾乎都是被禁止或是增加作業量，這種處罰一開始對大部分的孩子都有效，大家為了避免處罰，於是被迫回去繼續面對學習這件事情。

不過在這循環過程當中，處罰之所以有效，是因為建立在一個很重要的基礎上，也就是在「孩子會怕你」、「你比孩子還兇」的前提下，處罰或是責罵才會有效。（如圖一）

然而孩子的成長是每天都在進行的，不管是心理還是生理，於是你會發現，過去建立在「你比孩子兇」的假設，很快就會因為孩子的身高比你高，而開始翻轉彼此的權力關係。

為什麼身高跟權力有關係呢？各位家長想想看就知道了，身高其實影響著我們跟孩子之間對話的姿態跟角度，過去當孩子比你矮的時候，他是仰著頭看你，這時的關係是一種臣服的、順從的、不對等的心理狀態；然而當孩子身高慢慢和你一樣高，甚至高過你時，他看你的角度跟姿態一定跟過去很不一樣，加上這時正好邁入精力充沛、思考開始綿密的青春期階段，這些都會在無形中改變你們之間的權力關係。

於是，「兇」這件事情就開始失靈了，當孩子不再像以前那麼害怕你的處罰時，他可以恣意的說謊、逃避學習。這時候你要孩子如何再回去面對學習這件事情呢？

這也是很多爸媽感到無奈的地方，究竟在學習循環裡，拿掉處罰跟權力之後，我們還可以用什麼方法跟角度，來處理孩子面對學習的態度呢？

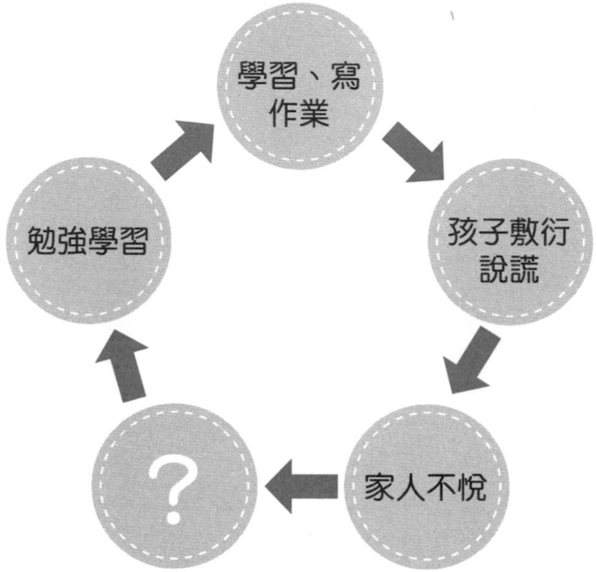

圖二

請參考圖二。

當我們要把處罰、責備從循環中拿掉時，就要思考有什麼有效的理論、又能實際操作的方法，能夠取代圖中原本的處罰。並且最好能夠讓孩子對於學習抱持更正面的態度，這就是值得我們思考的選擇。

正面態度會影響孩子的能力

在介紹這個理論之前，先幫大家做一個簡單測驗。請先依據你的經驗，選出最符合你意向或態度的答案。

請針對每個選項，寫下你認同的程度（從0－10分，完全不認同0、非常認同10）。

1. 智力是先天特質，後天能改變的有限。
2. 你可以學會新東西，但這改變不了聰明程度。
3. 你永遠可以大幅度改變你的智力。
4. 無論你的智商多少，永遠可以些微改變智力。

請針對所填答的分數，將❶、❷題相加，將❸、❹題相加，將會得到兩組數字，比較看看，是❶＋❷大於❸＋❹，還是❸＋❹大於❶＋❷呢？

這將會反應出你在教養核心信念的不同。在進一步揭曉答案之前，我先帶大家回到一個三十多年前的研究場景，這個研究的結果打開了我們對於孩子學習心態的了解。

想像一個實驗場景，這是一間簡單乾淨的會談室，裡面坐著一個大人和小孩，這個大人是史丹佛大學的心理學教授，戴維克（DWECK）女士。

每一次等小孩進來坐下後，她便提供孩子各式各樣的問題，讓孩子去解答，而難度則是越來越高，戴維克則在旁邊觀察孩子的反應。

這時候你可以想像，當題目越來越難時，孩子們會是什麼反應，有些孩子遇到困難的題目時，會開始喃喃自語：「這也太難了吧？」、「我的記憶力其實不是很好耶。」隨著難度升高，這些小朋友開始有點排斥這個活動，不太想要繼續，不過這個時候，一旁的戴維克繼續向孩子們提出一個又一個困難度大增的題目。終於，有些孩子拒絕再進行下去，認為「這個活動不好玩」，或是開始轉移話題來逃避挑戰「我們來聊天吧」。

有趣的是，這時可以看到孩子幾乎放棄了對難題的投入跟思索，處在隨意且敷衍的態度，好讓自己看起來沒有太嚴重的失敗感。

當你看到這，心中可能會覺得這不就是我們家的孩子嗎？或是你可能會覺得這根本是在說我們自己吧。如果研究到這停止，或許我們會認為逃避挑戰困難就是人性呀！我們應該要接受這個事實，不要太苛求孩子。不過，更有趣的結果發生了，有另外一群同樣被找來做題目的小朋友，他們卻有另一種完全不同的反應。

對照前一批在不斷升高的挑戰跟挫折中，開始出現抗拒或崩潰反應的孩子，研究者發現另一群處理同樣困難挑戰的孩子，他們不但能接受失敗，甚至還滿喜歡的。實驗結果是，這些孩子解題成功的機率與比例，大於第一批抗拒的孩子。

究竟發生什麼事情？為什麼這些孩子在面對超乎年齡能力的挑戰時沒有抗拒？沒有敷衍了事？甚至沒有崩潰？要知道這背後的原因，我們得先回到當時的場景中，跟著研究者一起看看這些小朋友當時的狀況。

如果你現在坐在研究室中，你會看到這些孩子的反應：當題目越來越難時，其中有一位小朋友吞了吞口水，專注地看著題目，並且對自己喃喃自語：「我還滿喜歡接受挑戰的。」另一個孩子則是說：「題目越難，就代表我應該要更努力去面對它。」

當你看著這一幕發生時，你覺得他們在做什麼？我猜你應該想到了，這些孩子正不斷的給自己一些鼓舞跟暗示，甚至有的孩子可能會向在場的大人說：「你有沒有什麼線索或是提示讓我參考呢？」

為什麼他們會和第一批孩子有如此不同的反應？

如果把他們說的話一句句比對討論，你會發現這兩組孩子最大的差異，在於他們的思考模式。在這些思考模式裡，影響兩組孩子的關鍵核心，在於他們對自己「能力」的看法：一個人怎麼看待他自己的能力，將會影響他如何面對挑戰的態度。

固定型思維V.S.成長型思維

過去，我們一直都傾向認為個人的智力是天生的，就算後天努力可以改善，成效也有限，而這樣的想法也普遍出現在第一批孩子身上。他們覺得自己的能力受到挑戰了，這讓他們無助、挫折，而每一個挑戰跟失敗，似乎都在暗示他們自己能力不好。長期下去，根本沒有人想要這樣攻擊或是貶低自己，於是最快的方法就是選擇放棄或逃避。

擁有這樣思維的人，也就是戴維克教授所說的「固定型思維（FIXED MINDSET）」，亦即你相信能力是天生的，後天環境能夠改變的有限。而和這種思維完全相反的觀念，也就是相信努力可以改變某一些事實，能力或個性可以透過學習、努力改變，挑戰就是幫助成長的想法，叫做「成長型思維（GROWTH MINDSET）」。

說到這，請你假設，當你遇到同樣的困境跟挑戰時，在這兩種不同的思維下你會怎麼思考：

❶在相信智力無法改變的思維下，你會怎麼面對挑戰？

❷在相信挑戰可以幫助成長的思維下，你會怎麼面對挑戰？

如果，你心中有任何的想法冒出來，請比較一下它們有什麼不同，而這可能分別帶來什麼樣的結果？

事實上，不同思維所帶來的結果，將會深刻影響到孩子學習的態度與投注。因此接下來，我們就要來好好思考，如何建立孩子的成長型思維。

2-6 「能力v.s.努力，你更在乎什麼？」——建立孩子的成長型思維

史丹佛大學心理學教授戴維克的研究發現，隨著爸媽對孩子在學習上不同的反應，竟然會深刻影響孩子面對學習的態度，我們再回到P.106的圖二當中，這兩者之間又有什麼關係呢？

如果你仔細看就會發現，圖二中的問號，過去是建立在逃避處罰上面，但現在我們可以用「成長型思維」取代。

取代後就會形成P.115圖三。

所以，面對孩子的學習時，關鍵是我們可以增加成長型思維，但實際上可以怎麼操做呢？

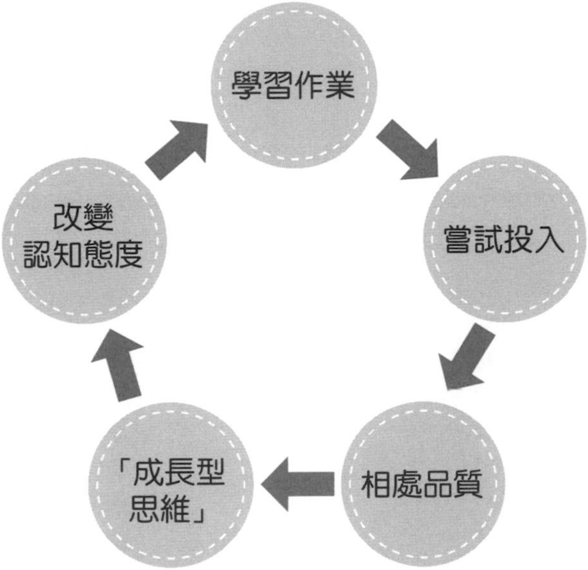

圖三

你是哪種類型的父母？

我們先來看假設性的情境，但是你必須做出選擇，而且這個選擇必須要如實反應你自己的狀態。

情境是這樣子的：

你的孩子報名參加一個他有興趣的比賽，可能是圍棋比賽、英文演講比賽，或是代表學校參縣市運動會的田徑賽。他對這個比賽算是拿手，也在比賽前花了一些時間準備，你也告訴他要全力以赴。

當天你陪他到比賽的會場，看著他在比賽中落敗，孩子沮喪的心情明顯表現在臉上。而當你們坐在一起看著獲勝者上台領獎時，你轉頭想對孩子說些什麼，以下哪一句會是你最可能對孩子說的話呢？

❶不管結果如何，在你心中他永遠是表現最好的一個。

❷沒有關係，別放在心上，這個比賽其實不是那麼重要。

❸你相信他有能力也夠聰明，下次再來一定能夠獲勝的。

❹就你的觀察，他在這次比賽中的表現確實不到獲獎的水準。

如果只能從上面四個選項中做選擇，你會選擇以上哪一句話呢？現在，請記得你的答案，並且翻到P.107所提列的四個描述，計算這兩個分數。

由這兩個問題的結果，我們大概可以知道你是哪種思維的家長，以及在實際執行教養時，你可能會帶出哪種思維的孩子。這兩個不太一樣，因為你自己所具備的思維，不見得會真正落實在教養當中。

如果❶＋❷題的數字大於❸＋❹題，代表你在思考上較接近固定型思維。如果結果相反，代表你比較接近成長型思維。

不過回到實際教養中，我們就要來看上一頁你的答案是什麼？如果你在上述情境中選擇的是❶、❷、❸，你正在培養出一個固定型思維的孩子。如果你的答案是❹，你正在培養一個成長型思維的孩子。這時候你可能會有很多的疑問，這差異的原因在哪裡呢？又比如，明明你自己可能具備成長型思維的概念，但實際在肯定或鼓勵孩子時，卻又帶入了固定型思維的影子（對孩子的回應選擇❶、❷、❸），怎麼會有這種矛盾呢？

因為，有時候你自己相信某些信念或價值觀，但並不代表你會在行動中去實踐。所以想是一回事，做又是另外一回事。因此，我來解釋以上每一句回應背後所隱含的意味，或許可以在其中抓到一些執行面的方向，幫助我們的信念跟行動可以一致。

能力與努力，你更在乎什麼？

在這裡，請先記得一個最核心的概念：

肯定能力或智力，就是在建立固定型思維。

肯定努力或投注的心力，就是在建立成長型思維。

關鍵在於，你的肯定是放在能力，還是努力？

現在我們再回到每一個選項可能對孩子帶來的影響和心態。

回應1 不管結果如何，在你心中他永遠是表現最好的一個。

▲**影響：**孩子在心情上會受到撫慰，但事實上，他無法從你的撫慰當中學到自己該努力的投入。

回應2 沒有關係，別放在心上，這個比賽其實不是那麼重要。

▲**影響：**事實上，任何一場投注心力、時間的比賽都很重要，我們期待孩子面對挑戰時能夠全力以赴，就應該避免用貶低比賽價值來安慰他的挫折的方式。

回應3 你相信他有能力也夠聰明，下次再來一定能夠獲勝的。

▲**影響：**把肯定的焦點過度放在能力上，事實上鼓勵能力這件事情，就

是建立固定型思維的基礎，孩子並沒有因此學到為了比賽而要更加的努力學習。

回應4 **就你的觀察，他在這次比賽中的表現確實沒有資格勝出。**

▲**影響：**回到事實，並且討論需要學的技巧與方法。

看到這裡，很多家長可能會訝異，自己過去的鼓勵方式竟然是在建立孩子的固定型思維？尤其很多家長會選擇第三個回應方式，也是我們比較習慣的表達方式，這部分可以做一些修正跟調整。

在面對孩子的學習時，我們可以把回應三跟四融合在一起使用，同時拿掉其中過度肯定能力的部分。因此在這個例子當中，比較適合用來建立成長型思維的表達方式是：**「我看到你有認真準備這個比賽，我覺得這是很棒**

的一件事情，不過我同時也看到，我們的確在某些準備跟技巧上不夠，因此沒有辦法勝出。」

與其誇他聰明，不如誇他努力

我們可以在很多生活例子中，隨時檢視讚美孩子時，是在建立固定型思維，還是成長型思維？其中一個最簡單的分辨方法，就是你究竟是在肯定能力，還是在鼓勵努力？這會對孩子帶來不同的影響跟發展。就好比以下這兩句話：

案例1 「你學得好快！你真聰明！」

這背後隱含一個邏輯上的假設，孩子可能會覺得如果將來他在哪一科學得不夠快，是不是就代表他很笨呢？

▲**把肯定放在努力：**我們可以說：「你很認真學習，不錯喔！」

案例2 **「你沒讀書就考一百分，你真是聰明！」**

這句話背後的邏輯就是，那他之後最好不要太努力唸，否則其他人可能會覺得他很笨，竟然要花很多時間念書才能考到好成績。

▲**把肯定放在努力：**我們可以說：「你願意去挑戰準備考試的壓力，不錯，這不簡單。」

把握這個簡單原則，就可以幫助孩子建立起成長型思維，並且作為將來遇到挑戰時，他自己能夠掌握並且信奉的價值觀。

畢竟成長型思維的影響實在太廣泛了，不僅是在課業上，連人際關係、企業經營、團隊合作都深深受到成長型思維的影響。當一個孩子能夠以面對挑戰的態度看待學習，並把過程看作是自己成長的滋養時，他何必需要謊言來做為逃避的手段呢？

至於，如果孩子已經是國中、高中階段，甚至我們大人自己，對學業已經不感到任何興趣的時候，是不是就無法建立成長型思維了呢？根據戴維克教授的說法，其實任何一個階段，都有可能讓自己從固定型思維跨越到成長型思維，前提就是你必須覺察到自己的思維狀態，並且將那些固定型思維的句子，替換成成長型思維的模式。

你必須深刻的相信一件事情，你以及你的孩子都有機會可以讓自己變得更好。

2-7

「表達負面情緒不好嗎？」——自我情緒力的療癒與陪伴

情緒是一種「抽象式的語言」，藉由這種語言，能感受到自己的內在狀態，並且覺察情緒生成的原因。

因此情緒是一種我們對自己狀態的描述，一種貼近自己的管道。而當我們否認或漠視情緒時，便是在否認身體的感受。某種程度上，我們像是在對自己說謊，想要欺騙自己此刻的情緒並不存在，或是它並不重要，不需要停下來檢視它，也不需要將它當作一回事。

很奇怪的是，我們大部分時候都很注意身體健康，一旦出現不舒服的狀況時，我們會儘速處理，比如溫度下降了，我們會為孩子披上保暖的衣服；手指不小心被割傷，會為他塗抹抗菌軟膏甚至貼上OK蹦；傷口結痂時，也會叮嚀孩子不要刻意剝開它。然而，我們似乎很少陪伴孩子，在他們心靈受傷時保護自己的心靈健康。因此，我們不是不做回應，就是拒絕孩子的情緒。事實上，我們大部分時候都在強迫孩子對自己的情緒說謊，因為我們其實不太允許孩子表達他的負面感受。

別否定孩子的負面情緒

在孩子成長的過程中，一定會遇到困境跟挫折，從挫折中認識自己，在認識自我的過程中學習面對自己的情緒、找到自我療癒的方法，這是對自己的坦承與接納。通常孩子是沒有辦法靠自己一個人度過這些階段的，往往會需要大人陪伴。

但是，我最常聽到家長回應孩子情緒的方式是：

「不可以哭，你是男生怎麼可以哭？」

「你再給我生氣試試看，我叫警察把你抓走！」
「我數到三，數到三你再給我吵鬧，我馬上打下去！」
「你再給我這個樣子，你就不要回來了，出去！」
「這有什麼好難過的，你想太多了啦，別去想這個。」
「這點挫折都承受不住，將來更大的挑戰你是要直接崩潰嗎？」

你有沒有發現，我們大部分處理孩子情緒的方式，就是把它當作一個困擾的問題，透過威脅、處罰或是隔離的方式，試圖在短時間內讓這些負面情緒消失，這樣的方式讓孩子學到什麼？

☒「負面情緒是很糟糕的壞事情。」
☒「爸爸媽媽不喜歡有負面情緒的人。」

☒「我不可以在他們面前表達壞情緒，而生氣是壞情緒，這樣我就不好。」

於是孩子學會疏離自己的情緒，對每一個人否認自己的情緒，也對自己說謊，不接觸也不正視自己的情緒。等孩子大一點進入青春期，你問他什麼，他都只跟你說：「還好呀」、「沒什麼事情呀」、「OK啦」……，你們在空洞的回應中互動，而你還覺得是因為孩子叛逆。問題是他在家中學到唯一能做的就是隔離、空洞、逃避情緒，繼續用他過去被對待的方式，對待他未來的家人、配偶。你怎麼期待他能夠跟你有什麼回應。

對許多父母來說，我們自己過去的成長經驗是情緒真空的，以至於我們非常不習慣、也不知道該如何面對孩子的情緒。

因此當孩子處在情緒狀態下時，我們往往驚慌且不知所措，習慣以否認情緒的方式，試圖幫助孩子盡快恢復，或是馬上採取問題解決的模式，直接討論問題來跳過難以捉摸的情緒狀態，但這背後是我們無法處理的焦慮。這些不安與擔心，反映出我們成長過程中缺乏被照顧情緒的經驗。

給親子的情緒練習

透過本章節我希望針對幾個孩子常見的情緒狀態，提供家長在陪伴孩子時的一些理解跟介入原則。期待經由家長的陪同跟引導，帶領孩子一起學習接納自己的情緒，讓孩子坦然而自在的接受自己，並且在過程中找到自我療癒的方法。

情緒 1

面對失敗的情緒：找回控制感

孩子在成長的過程中，免不了面臨失敗。失敗的經驗會改變我們對事情的知覺，不管是大人或是孩子都會因此有種錯覺，好像原本追求的目標變得遙不可及，也會懷疑自己是否有能力達成目標，有些孩子就會因此抗拒再次嘗試或挑戰。

❶ 強化能力。

當我們在追求目標時，覺得自己能夠施力的地方越少，越容易萎靡不振，失去動力。因此，陪伴孩子面對失敗的挫折時，除了忽略失敗帶來的負面想法外，同時也可以鼓勵孩子列出為了達到目標，他可以控制、管理的事項清單，比如：

- ☑ **你可以投注努力的程度。**
- ☑ **事前可以先準備的事項。**
- ☑ **擬定具體的計畫與程序。**
- ☑ **身邊可取得的各種資源與協助等等。**

針對清單上的每個項目思考，可以如何去強化它們的效果。當孩子這麼做時，不僅可以對抗失敗帶來的偏誤知覺，也可以大幅增進日後成功的機會。

❷ 標定負面想法。

比如，孩子的目標是希望可以考上理想高中，但或許模擬考成績不理想，於是他開始覺得「自己能力不夠、要考上是不可能的事情」，這些負面想法會很自然跑出來，重創孩子對自己的信心。

針對失敗的負面想法，家長可以做的是先把這些負面想法標定出來。

☑ **請把負面想法一個一個寫下來**。此時孩子就會知道這些想法是因為失敗而引發的自然反應。

☑ **讓自己有限度的沈浸在這種負面想法中**。比如，讓自己處在負面想法裡五分鐘，之後便回去專心手邊的事物。

☑ **也可以用極端化的方式處理負面想法：**

「我這樣真的太失敗了，我這輩子一定完蛋了，我模擬考沒考好，我的人生到這可以領便當退場了，我簡直就可以自封全台灣無人出其右、自稱第二沒人敢稱第一的終極魯蛇了。」通常用這種極端方式擴大負面想法後，馬上就會因為這種誇大的想法造成補償作用，孩子會發現自己原先的想法似乎也沒自己想得那麼嚴重。

情緒2

面對失落的情緒：找尋意義

生命就是一連串面對失落的過程。進入學校跟父母親分離的失落、團隊生活與失去一部分自由的失落、交到朋友與失去朋友的失落、年級轉換環境轉變的失落、人際關係來去的失落，**每個人都能夠從失落中成長，關鍵在於他是否具備從經驗中尋找意義，並獲得使命的能力。**

❶ **接納孩子的情緒。**

一段失落經驗引發負面情緒，是相當人性的反應，但不代表這件事情本身的價值也是負面的。

但是因為在負面情緒的影響下，我們通常會將事件的意義也染上同樣的情緒基調，忽略（或抗拒）事情可能有另外的一面。對於孩子來說也常常是如此，所以處在失落經驗中時，孩子也會出現低落、負面等反應，這時，我們可以試著接納孩子面對失落的反應，將之視為正常的過程，讓他有一個訴說的空間和機會，你不需要暗示孩子需要馬上平復情緒。

❷ **學習正向經驗。**

要從負面事件中學習正向經驗需要時間。因為這需要調整以及轉換對事件的態度，就像是從悲傷的歷程中尋找新的意義一樣，需要很多的時間準備。我們需要時間處理情緒、緩和事件帶來的衝擊，重新審視事件的意義。

在這段經驗中，並不僅只是能認清自己失去了什麼，同時也在省思你從中獲得了什麼。

因此當孩子正經歷失落的事件與體驗，請別急著告訴他必須要堅強，一定要往前看，不能停下來，那只是理智的防衛反應。

❸ **父母的鼓勵**。

當孩子面對生活中的失落時，除了給予他空間，慢慢經由自己的步調平復外，爸媽也可以表達關心，通常只要是簡單的描述就好，不用多話也不用言不由衷的鼓勵，若你平常沒有這個習慣，或許寫一張簡單的紙條：「有需要幫忙的地方，讓我知道。」就夠了。

情緒3
失敗時的情緒：中止反芻思緒迴圈

「反芻」原本是指草食性動物，將胃裡的食物倒流回口腔內再次咀嚼的行為，這是一種生理現象。我們人類也有一種心理的反芻狀態，而這個過程就發生在我們的腦海中。它是一種思考的模式，特徵就是不斷反覆地關注自己的負面情緒，以及情緒所衍生出的相關議題。

因此，當我們的思緒或想法不斷「失敗」上反芻打轉時，就好像腦海中不停重復播放失敗或憤怒的畫面。就像電視台全天候不斷播放藝人的負面新聞一樣，播久了，我們對這藝人的觀感自然不好。反芻想法也是一樣，一次又一次在腦海中播放我們是魯蛇的畫面，會讓自己的情緒更沮喪。

有時孩子面對生活中的失敗時，也可能會掉進反芻的思考狀態。要提醒家長，反芻是一種思考的特性，並不是一種病態的現象，我們陪伴孩子的用意，是帶著他去覺察這個狀態，當發現自己處在這種思考狀態時，可以多一些幫助自己的技巧。

因此，當你發現孩子陷入反芻式的自問自答（通常可以跟孩子確認，他是不是會一直想到失敗的事情）時可以：

❶ 透過轉移注意力，中止這種思路迴圈。

像是去聽首他喜歡的音樂，跟著音樂一起唱、去網路上搜尋輕鬆又可專注的節目看個一小段、上通訊軟件跟朋友聊天，這都會是有幫助的做法。

❷ 協助孩子減緩反芻思考。

協助孩子減緩反芻思考的另一個做法，就是為這種反芻的想法貼上標籤，就像我們在社群平台上標籤他人一樣，一旦你tag它之後，它就會顯得格外明顯，於是你就可以告訴自己：「好啦！我在反芻啦，我又把那些咀嚼到爛的失敗想法嘔出來繼續折磨自己。」

我自己剛開始演講時，在演講結束後都會不斷在腦海中回想過程中挫敗的經驗，這些畫面會不斷被定格放大，影響自己好一段時間。現在，一旦發現自己陷入這種自我破壞的反芻時，我會試著利用整理資料、打檢討紀錄或是喝杯咖啡配上喜愛音樂的方式，來中止反芻的迴路。通常當情緒緩和下來時，想法就較不會被固定，彈性就跟著出來了。

情緒4

「為你的自尊補充養分」

什麼是「自尊」呢？

「自尊」大家都聽過，也常在說，但很難具體說明它究竟是什麼。

自尊是心理學領域中的一個抽象概念，你可以說它是一種自我肯定，也可以說是對「自我形象」的一種主觀感覺，而這種自我感覺可以是合宜的、過分的或不合理的。

一般來說，心理健康的人自尊感比較高，認為自己是一個有價值的人，並感到自己值得他人尊重，也比較能夠接受自己的不足之處。

然而自尊並非一成不變的，它會隨著我們當下的感覺狀態波動。在一般感覺良好的狀態下，我們不會對自己的能力或形象起疑。倘若一旦處在負面狀態，我們會開始進行自我批判，像是如果孩子早上出門時，因為一些行為問題跟爸媽吵了一架，或是在學校因為功課或和同學的衝突被老師飆了一頓，有些孩子就會陷入一種愧疚感，並且開始懷疑自己沒能力，可能跟老師或爸媽說的一樣，自己是一顆能力不足敗事有餘的爛草莓……。

一旦大腦處在自我催眠的狀態，就會開始想到先前的其他失敗經驗，於是就會覺得：「我好糟糕喔，什麼都做不好，我不只是爛草莓，我根本就是個草莓渣。」這種自我批判的想法，對原本已經消沈的自尊無疑又是一個打擊。

如果希望孩子增進自己的心理健康，我們可以把自尊視為一種「情緒的免疫系統」，就跟我們身體裡的免疫系統一樣，當它功能低落時，也需要透過充足的養分讓它恢復良好狀態。

修復破碎自尊的最好方法是練習「自我慈心」；也就是學習好

好「善待」自己，善待自己的心情、善待自己當下的感覺、善待自己的身體、善待自己擁有這些負面想法的天性，以及做出想法選擇的權利。

當孩子處在自我批判的想法中（通常孩子會說「我覺得我很糟糕」、「什麼事都做不好」），你可以請他想想看，如果是他的好朋友有這樣的想法，他會怎麼做？請孩子寫下朋友在這種狀況下時，他會表達的關懷與支持，並將這封信當作是寄給他自己的，對著自己念出來。

情緒 5 被拒絕時的情緒：重振自我價值

從小到大，大家應該都有過被拒絕的經驗，不管是人際上、情感上或是工作上的拒絕，相信大部分的人被拒絕時心裡都不太好受。正因為被拒絕是如此傷人的一件事，以至於我們常常會在自己身上找尋被拒絕的原因，來讓情緒上的痛苦有比較合理的解釋。對於孩子來說，這些拒絕在生活中也並不少見。

我們會有一種錯覺，以為「如果自己傷得這麼重，那代表我們是真的很脆弱、可悲、失敗、沒價值的。」或是「就是因為我們很沒價值、無能，所以才會被拒絕」。

一旦把這些理由當作被拒絕的原因，就是在無形中催眠自己，把這些不真實的理由當作是自己人格特質的一部分，這對你沒有任何好處，因為被拒絕所引發的負面經驗每個人都有，但你卻為了幫這些情緒找台階下，而懲罰自己的人格。

要消弭這種因為拒絕而帶來的情緒傷痛，並且重振自我價值的方法，就是採取肯定自己的方式。

❶ 幫孩子列出特質清單。

我們可以帶著孩子去肯定他所具備的某些價值，像是他擁有某些很寶貴的特質（合群、友善、慈悲、同情心、上進心、創造力或是良好的組織能力等等）。

❷ **請他挑選其中一兩樣，簡短寫出為什麼這些特質對他如此重要。**

在整理自己優勢特質的過程中，負面情緒也會慢慢減緩，而當籠罩在他身邊的負面情緒退散後，看事情會變得清晰許多。

以上的方法，不管是孩子或大人都可以使用。對我們或孩子來說，文章中提供的建議並不是我們熟悉的技巧，正也因如此，我們更能夠引導孩子試試看，因為這些情緒將來在孩子的人生路上也會不斷發生，懂得坦然接受自己的狀態，並且能夠自我療癒，將會協助孩子成為一個更健全的人。

chapter 3

孩子為什麼會在學校說謊？校園中常見的說謊行為

在校園中，最常見孩子說謊的原因有三個：逃避處罰、得到獎賞、操控意圖。

這三種謊言發生的原因都不盡相同，當發生時，老師與家長可以如何一起用實際的方式協助孩子，往更好的路上邁進，將會是這一章內容的重點。

3-1 跟同學衝突——為了逃避處罰的謊言

學校常見孩子的說謊類型，大致可以分為三種：

1. **逃避處罰**
2. **得到獎賞**
3. **操控意圖**

這三種原因都不盡相同，因此我們將詳細介紹說明。並且也介紹在遇到每一種不同的原因時，可以如何協助孩子，一起面對這些導致他說謊的原因。

在處理孩子的問題之前

首先，請先思考你在處理這次說謊事件時，要達到的目標是什麼？因為當你確認目標時，才能夠知道在這個事件當中，你下手的輕重以及焦點放在哪裡。目標可能會有以下幾個：

Ⓐ 透過這個事件，讓孩子得到處罰？

Ⓑ 讓孩子的行為能有所改變，並且保持下去？

Ⓒ 讓孩子將來願意盡量以坦誠的方式代替說謊？

以上問題並沒有正確答案，然而不同的思考模式，將會帶來不同的應對方式與處理手段，所以爸媽在介入之前，必須先好好思考這幾個問題。

以下我們分別看看，不同目標的思考方式：

Ⓐ 得到處罰

在學校的行為會有對錯之分，因此處理不合理或直接違反規定的行為，意義在於讓孩子知道行為的合理空間範圍。

在學校違反規定得到處罰，這是社會運作的縮影。當行為的後果沒有得到相對應的處罰，在學校頂多就是被罵，但是出社會之後會被關。所以，處罰雖然重要，但處罰的目的是學習承擔責任。

Ⓑ 保持改變

改變的目的在於，我們希望孩子能夠保留恰當的行為。因此希望改變能夠持續發生，就必須要先讓開始改變。一個小的改變，才有可能帶來更大的改變。

而保留恰當的行為，同時讓它成為孩子內在選單的最有效方法，通常是透過明確而肯定的鼓勵。

Ⓒ 嘗試坦誠

坦誠，是人際關係中重要的元素，它不見得會讓人際關係變得非常好，但坦誠能讓我們在人際中變得清晰且值得信任，這也是人際關係另一種層次的優勢，而坦誠的練習也是從家庭教育開始。

坦誠的前提在於願意面對自己的錯誤；願意面對自己錯誤的前提，在於家人鼓勵坦誠的行為。所以重點在於你如何肯定孩子的坦誠，而不是把焦點放在處罰孩子的說謊。

人們是非常害怕處罰的，因為處罰會引發生理或心理上的壓力，這種壓力帶來不舒服的感受，會讓我們極力地想要逃避。

在學校，孩子可能會說謊的原因可能是吵架、說髒話、作業沒寫、上課說話或是跟同學衝突……等等。孩子因為知道自己的行為犯規，為了避免處罰，用說謊作為逃避處罰的手段最快。

對孩子來說，做錯事情被處罰的機會相當高，因此大部分時候，孩子很輕易就學會利用說謊來逃避處罰，這是非常容易就能學到的技巧。

跟同學衝突的處理

孩子跟同學衝突而說謊，是為了讓自己付出代價，所以隱瞞了自己過失的部分，而把責任推給環境或其他人。父母在評估時，請記得要將責任歸屬弄清楚，因為很多家長在發現孩子隱瞞了部分的事實後，就會先嚴加責備孩子逃避的態度。

儘管逃避是不當的，但是斥責本身就是一個處罰，而處罰會帶來更多逃避處罰的謊言。因此在處理孩子因為衝突而說謊時，建議爸媽先將焦點放在發生衝突的原因上，較不會失焦。

方法1 中、低年級

通常越中低年級的衝突，多半是因為遊戲或言語上拌嘴所導致的。這種衝突當下失控的居多，所以在處理類似事件時，我會請孩子把事情從頭到尾的發生經過說清楚，把細節跟引發衝突的原因都請孩子說一遍，從裡面找到彼此的責任歸屬。

通常低年級的孩子比較需要更多的引導跟具體建議。

你可以先說明：「我不是要處罰你，而是要你勇敢去面對自己做的事情，這一點對我來說非常重要，你懂我的意思嗎？請你再說一次我在乎的是什麼？」

方法2 高年級及國中以上

高年級或國中以上比較多是人際關係原本就有摩擦，若再加上意見不合或玩笑開過頭……等等的碰撞，衝突也是容易出現的。

處理這群孩子因為衝突而說謊的問題，警告通常是不太有用的，反而是跟孩子討論其中衝突的原委。

你可以先表白：「人際衝突是很正常的一件事情，但是你要幫我了解整件事情的前因後果，這樣我們才不需要花費太多時間在跟事實無關的事情上。」

當孩子能夠坦誠說出事情的經過時，當中也會有他要負擔的責任，這個部分並不能置之不理，但你同時也可以很明確的跟孩子表明：**「我知道坦白對你並不容易，但你有在嘗試這個部分，我覺得很好。」**

這麼做的用意，是我們在建立一個很明確的態度，鼓勵坦白並且期待持續坦白。人際衝突的處理是需要深入的了解前因後果，以及孩子在事件中的想法跟感受。

3-2 作業不寫——為了逃避處罰的謊言

很多孩子在寫作業這件事情上，老是想要鑽漏洞，任何可以想得到方式的都鑽，比如聯絡簿漏抄、作業本忘記帶、跟老師說作業放在家、跟爸媽說作業在學校、訂正都不做……等等，孩子很會耍小聰明來規避自己的責任。

然而實際上是孩子在面對作業時，有時會想敷衍或逃避，尤其是遇到較困難的習題時更容易發生。所以這類的說謊，往往是因為作業量太多、感覺無法負荷、或是覺得太困難而有壓力。針對這些問題的解決有幾個部分。

方法1 VIP陪伴法

當孩子作業量太多而感到難以負荷時，如果爸媽時間上允許彼此分工，我會建議先花一些時間陪在孩子身邊完成功課，但請不要主動介入跟指導。陪伴時間每次十五～二十分鐘就好，中間可以休息五分鐘讓孩子放鬆一下。

這部分的好處是絕大多數情況下，一對一的陪寫或陪讀效率相當好，所以孩子會比他原本心理預期的還要更快完成作業，一旦完成後就會發現想像跟事實有落差。逐漸累積這些成功經驗，就會更有信心去面對繁重的課業。

方法2 時間間隔法

如果爸媽無法常常陪在孩子身邊一對一完成，也可以換一個變形的方式：先跟孩子討論作業的時間分配，並和孩子約定每隔十五～二十分鐘休息一下，趁這時把作業拿給家長看。這樣你的時間彈性會增加許多，孩子也能夠在固定的時間間隔督促自己，並放鬆。

方法3 自我暗示法

利用便利貼，將每天要完成的作業，分批寫在不同的便利貼上面，然後當完成一項之後，就可以把便利貼拿給家長核對，這樣有視覺的提醒也能夠幫助孩子自我督促。（如P.100附件）

方法4 意義置換法

對低、中、高年級的孩子都可以考慮使用的方法，就是改變寫功課的意義。對孩子來說，功課就是一連串的要求跟標準，相當無聊。但如果寫功課的意義不只是學習，或許就會有趣一些。

其中一個最容易引發孩子投入作業的形式，叫做「競爭」。

比如當前面的方法使用一段時間後，孩子也會感到煩悶，這時若家長有空，可以用競賽的方式，跟孩子在有限的時間裡，比看看誰先完成作業（作業的內容可以是大人自己的事情）。選定一個固定的時間間距，來核對彼此內容的完成度、字體的工整度等等，這也是一個善用人性中喜愛競爭的元素，進而改變寫功課意義的方法。

不過使用這項方法時，我會建議盡量由家長跟孩子一對一競爭即可，避免讓手足之間用競爭的方式去比較優劣。

方法5 行為保留法

不管是哪一種方法，請記得一件事情：當孩子能夠完成作業時，盡量可以給予鼓勵（一般來說，初期先鼓勵孩子有完成作業，再逐步慢慢一項項帶進對作業品質的要求）。並且跟孩子討論，原本的擔心或是對作業量的厭惡，實際上用心去做之後，有沒有真的發生？

這部分的引導在於協助孩子了解，有時候想像跟實際的狀況不見得一樣，而自己往往會把事情想得更嚴重一些。看到想法跟事實差異的經驗，對孩子來說也是很重要的人生課程。

另外，同時也請家長注意，大原則是鼓勵孩子完成作業，但完成作業其實也是孩子的義務跟責任，因此不應該本末倒置的給予孩子無限制或是過多的獎勵，反而應該是逐步降低獎勵的內容。比如原本寫完作業可以玩二十分鐘，慢慢降低到十五分鐘、十分鐘、五分鐘。我們通常會用肯定孩子進步的方式來說明：**「之所以時間（獎勵）減少，是因為我們看到你不斷在進步，也越來越能夠專心在作業上，這是一件很棒的事情。」**同時我們盡量避免在孩子面前抱怨功課量多寡，這會合理化孩子對學習的抗拒。

心理師小提醒

國中以上的孩子，通常逃避學習的態度，往往已經是長期以來的挫折或興趣低落導致，很難透過幾個鼓勵或肯定就改變，因此說謊或敷衍的問題會顯得更全面。

爸媽可以參考前一章關於「成長型思維」的說明，並且抓住任何一個孩子努力的點給予回饋，從一個孩子願意投入的小地方開始肯定。這種肯定帶來的改變會先出現在你們彼此的關係上，再慢慢滲透到他的價值觀中，逐步影響到他面對學習的觀念。

這將會是一個漫長且需要熬煮的過程，但掌廚的人是爸媽，請別因為孩子說沒有興趣讀書，就放棄對他任何學習的鼓勵，讀書是學習的一部分，但學習不是只有讀書。

學校部分

父母的重點在於培養孩子對學習的興趣，因此爸媽心中的標準要配合孩子的身心狀況作調整。

如果孩子在遇到功課完成度或是品質度上有困難，我們可以先要求把作業寫完就好，或是在學校補完亦可，以配合學校的基本規定為主要方向。

閱讀筆記欄

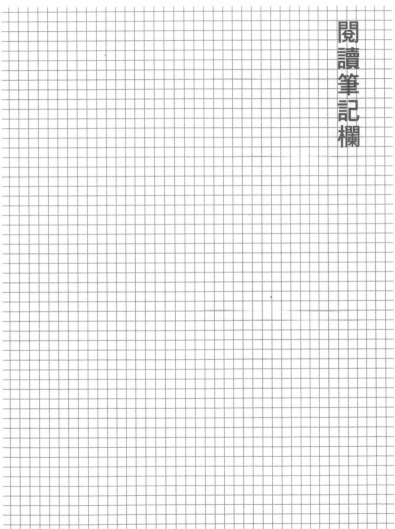

3-3

偷拿東西——為了逃避處罰的謊言

因為偷竊而說謊，主因在於偷竊，說謊只是為了隱瞞偷竊的事實，所以重點在於孩子偷竊。

偷竊的原因各式各樣，沒有一定答案，低年紀或幼兒園的孩子因為沒有物權的概念，所以看到喜歡的東西拿了就走，可以透過告誡改善。不過物權的學習通常建議從家裡開始，當孩子要拿取屬於父母的東西時，我們可以提醒他，記得要徵詢過爸媽的同意才行，這個詢問的行為一旦養成習慣，就會類化到一般的生活中。

如果經過明確的告知仍然出現偷竊行為，不管在幾年級都算是一個必須要嚴加正視的問題。

3-3

偷拿東西——為了逃避處罰的謊言

一般來說，孩子偷竊必須要先確認是否有需求匱乏或是衝動控制的問題，匱乏需求分為「生理匱乏」以及「心理匱乏」兩種。生理匱乏通常較容易發生在食物無法獲得溫飽的家庭，導致孩子會以實際竊取的方式來滿足。心理匱乏，指的是無法獲得家人的注意、關愛等等。衝動控制則是指孩子對於自己的衝動無法有效的控制，導致很多時候看到東西時，念頭還來不及跟上就先產生拿取的動作，以至於被定義為偷竊。

不管是生心匱乏或是衝動控制型的偷竊，彼此並非完全沒有相關，有些長期在生理或心理匱乏的孩子，也可能會有衝動控制的困難，因此我們必須先確認，孩子有沒有匱乏或衝動控制的問題，若有，就必須從這部分進一步處理，才有可能改善說謊的頻率。

如果發現孩子書包常常多了一些不屬於他的文具或物品，爸媽可以在孩子的文具物品上貼姓名貼，沒有姓名貼的新東西就沒收交給導師或是回家保管不能取用。另一方面，孩子疑似竊取的物品，代表這是孩子所喜歡的東西，我們可以思考使用集點數的方式，讓孩子用勞力或努力的方式為自己贏得這些物品，這樣就能用正向的方式取代偷竊的行為。

有關於孩子因為逃避處罰而說謊的行為，背後每個原因都不盡相同，因此我們在找到背後的原因後，就可以好好對症下藥，逐步改善說謊問題。

爸媽切記，在處理的過程中，通常大人會挫折不斷、萬念俱灰，會有許多忍不住生氣或氣餒的情況，這都是必經的過程，但是把時間拉長來看之後，你會慢慢看到孩子會在你的改變跟介入之下，呈現某種改變或進步的趨勢。

給親師的互動練習

方法1 冷卻補償法

對比較衝動或過動的孩子來說，有時候他一看到喜歡的東西，也不管是誰的伸手就拿。事後才發現太衝動，但自己卻又不知道該怎麼處理，只好藏起來而鑄下更嚴重的錯誤。

針對當下衝動且事後有悔意的偷竊，我們可以在環境中設置「返卻抽屜」。請孩子發現自己因為衝動而拿取物品後，在一定時限內，把物品放回「返卻抽屜」，且物品不可有任何的破壞或使用。

這裡的態度要盡量避免變相的鼓勵孩子偷竊，而是在肯定孩子的改正，因此把焦點放在孩子是否有減少的趨勢。

方法2

代價償還法

針對竊取的東西，讓孩子付出一定的代價。

通常這個代價會是從孩子現有的權力或資源中付出。比如偷竊被抓到後，除了要償還對方物品以外，還要週末禁足、一段時間不能使用班上的某些物品（現有的權力被剝奪）……等等的代價。

如果孩子態度很差、不屑這種方法，背後可能是跟家長有溝通上的衝突、對立，或是家庭與學校的處置不一致，讓孩子處在一種對權威的對立或反抗。若是因為如此，則應該是我們要優先溝通的方向。

方法3

自我強化法

許多孩子偷竊的原因可能很複雜：可能是自我概念低落、家庭功能不彰，以及許多其他原因全部參雜在一起，導致最後自我放棄，而出現各式各樣的不當行為，包含偷竊。

在這種情況下，大人通常會很無力，因為不管如何包容、輔導或是討論，孩子的狀態仍然是起起伏伏、不斷偷竊。

這時，我們會從孩子的自我價值層面思考。通常孩子的自我概念是比較低落的，如果同時又有其他的臨床問題（比如有兒童青少年期的臨床診斷），或發展歷史（交友、環境、家庭不利因素等等），這類的孩子非常需要大人的「相信」。如果孩子有機會能夠體認到大人的「相信」，對他來說會對自己的價值有了某一些轉圜的空間，而出現改變的契機。

「相信」是我們把焦點放在孩子未展現的能力或潛質上：「我一直在等待見證的時刻／我一直很深深地相信一件事情。」

「見證（相信）什麼東西？」

「見證（相信）你有改變（管理／控制）能力的那一刻，而你只是還沒有找到適合的方法，或許你暫時還不願意讓自己信任身邊的人。」（相信孩子自己有能力，而他需要做的是決定）

方法4 意義詮釋法

有些偷竊行為，我們會思考孩子的家庭因素或背景，看看有沒有什麼他可能匱乏或無法滿足心裡的需求，因此透過偷竊這個行為來滿足（像是吸引大人的注意力）。

我們會說：**「我的感覺比較像是，你有時候也想要別人看到你、注意到你，但過去的結果似乎都讓你失望了，因此你想要透過拿取的方式，來讓別人很快注意到你。」**

這種詮釋對孩子來說，不但會增加他對自己行為的心理層面認識，也同時展現了對他的包容跟同理。

有些孩子一開始不覺得自己的行為跟心理需求有關，然而當他透過引導而貼近自己的狀態時，比如覺察到自己：「我因為很想得到別人的注意力，所以才用偷竊來吸引大人的目光。」、「我因為不知道怎麼表達對它們的憤怒，因此我選擇用這個方式報復它們。」時，孩子就比較能夠進行接續的討論。

簡單來說，讓孩子弄清楚行為的心理意義，我們就比較能夠置換行為的意義：**「你不需要透過這個方法來表達你的訴求（你可以用別的方法來表達你的需求）。」**

方法 5

想像演練法

有些孩子的問題在於看到就拿，儘管答應了家長或老師，但是仍然會持續的有偷竊行為發生。

通常可能是因為孩子就算當下答應你、他也有動機想要改變，但是實際上遇到了跟口頭上說說仍是兩回事。

因此，如果孩子偷竊的行為模式（環境、物品、時機）我們已經概略清楚，就可以請孩子想像一個很符合他偷竊的情境，讓他把自己放在那個情境裡去想像。

想像得越仔細越好（或是用演練的方式），請孩子在演練或想像中展現自己避免偷竊的應對行動方式（比如說離開、轉移注意力、大聲說話、找朋友玩、想想被抓到的後果等等），有（想像）演練，通常真正能夠執行的機會才會比較高一些。

閱讀筆記欄

3-4

「我想要被肯定」——為了得到獎賞而說謊

在開始之前，我先分享一個多年前的故事。

我曾輔導過一位六年級的孩子，活動力旺盛又熱愛運動，我們從孩子四年級時開始接觸，前後加起來快三年，彼此關係不錯也有一定的信任感，許多事我們都能夠敞開心直說。

有一天我們下課閒聊，剛好聊到孩子感興趣的拳擊活動，孩子突然眼神炯炯的對我說：「光光老師，你知道我拳擊很厲害嗎？」

「我先前沒有聽你說過，這是第一次聽到。」

3-4 「我想要被肯定」——為了得到獎賞而說謊

「那是因為我都很低調，不希望太多人知道這件事情。」

「怎麼說呢？」

「那不重要，總之我拳擊練很久了，之前還參加過比賽，你知道我第幾名嗎？」

「我不知道，但我很想知道！」孩子笑笑看著我，接著緩緩伸出他的右手比出了一個數字。

「第一名！哇！我真的很訝異，多說一點！」我不禁睜大了眼睛。

「嘿嘿，就是我今年暑假去參加美國紐約的青少年拳擊賽，拿到了冠軍。」

「喔！紐約嗎？很遠耶，我很想聽！」這件事情實在很特別。

「就是去紐約參加青少年拳擊賽啊，輪到我上台的時候對手竟然是一個一百八十公分高的外國人，對方也是十幾歲完全看不出來，我嚇都嚇死了，我們至少打了七八回，我都快被打死了，好險最後一輪的時候我看準他一個空檔，馬上就使出我的必殺技：右勾爆裂拳，他整個人飛到場外，我才拼回一座獎盃。」孩子口沫橫飛的邊揮拳邊描述著。

「哇！」為了搞清楚我究竟聽到了什麼，先用驚嘆詞爭取一點思考時間。

「這還好啦，不是我最厲害的挑戰。」孩子一派輕鬆又帶著得意的回應。

我當時靜靜看著他……。

我們在這裡暫停一下，各位爸媽不妨想想看，若今天你是我，接下來你會怎麼回應對方呢？記得，你回應的內容，決定於你在對話中抓到的重點是什麼。

從整段對話中，你抓到的焦點是什麼？是誇大的言詞、是詭異的幻覺、是滿口的謊言還是其他線索呢？你解讀重點的方式，勢必影響你的回應；當你覺得這整段對話都是誇大的言詞，你可能會趁他露出更多破綻時戳破他。當你覺得這是詭異的幻覺時，你可能會覺得他需要看醫生了，而當你覺得這是滿口的謊言時，你可能會直接斥責他胡扯，做人不可以撒謊。

所以，你抓的重點是什麼呢？

如果，我請你不管這整段話的真假是什麼，回到孩子的描述，你想像一下在他自己描述中看起來的樣子是什麼？那是什麼樣的形象？這個形象是正面還是負面？你覺得這個孩子心裡真正想說的是什麼？他透過描述想要傳遞關於他自己的什麼畫面？眾所期待、很厲害很強、勇於挑戰或是不輕易放棄？還是都有可能？如果我們抓到的重點是這些關於他對自己的想像，這時候你又會怎麼回應他呢？

回到原本的對話：

「這還不是最厲害的挑戰呀……」我突然可以感受到孩子想表達什麼了。

「我猜，能夠在自己有興趣的領域，做到被人看見，並且被肯定自己的能力，對你來說應該是很棒的一件事情吧？」我試著這麼回應孩子。

「嗯……」孩子似乎被說中了什麼，陷入沉默，之後他開始聊起在生活中的挫折。

如果你在旁邊看著這一切對話發生，我猜你應該心中已經有一些想法。

期望得到肯定的孩子

每個孩子基本上都喜歡而且需要被關注，尤其是被正面的關注。然而孩子的能力或條件不一樣，有些孩子很輕易就能夠透過學校制度得到肯定，比如功課好、聽話順從或是考試……等等，於是這群孩子獲得老師的讚賞、同學的青睞，在人際關係中得到許多好處。

然而，有些孩子因為種種因素，要在學校體制中得到肯定變得困難。但他們同樣也會希望他人認為自己很厲害、希望可以得到自己想要的獎勵，這時候，說謊可能就會成為滿足自己的手段。比如，向同學誇耀自己在家中的條件、人際關係、在校外的表現……等等。少部分孩子則會造假聯絡簿、其他活動證明，或是用說謊的方式來得到大人關注。這種模式在學校裡並不少見，不過通常你很快就會發現這些孩子說謊的目的，是希望自己被看到、被在乎。朋友或同儕欽羨的眼光或讚嘆的附和，對於孩子是如魔法般的吸引力。

對大人來說，我們反而需要理解，為什麼孩子要透過這種方式得到肯定？

比較可能的原因是孩子在過去的經驗中，這種該被肯定的天生需求是缺乏的。因此當看到說謊是來自他對肯定的需求時，我們可以把這種說謊看作是內在渴求的展現，他透過膨脹或誇大自己角色的想像，向大人表達：「請看看我的好，我也有好的一面，或許不像其他人那樣，但我也希望能夠得到你的肯定。」

因此，當孩子說謊的內容，疑似是對自己價值或自尊的誇大時，我們比較能夠抓到孩子希望透過誇大自己很厲害的形象，來傳遞想被看見的意圖。**這時候謊言只是一個媒介，想被看見才是關鍵**。於是我們該問的是為什麼在目前的生活中，孩子這樣的需求並沒有被滿足呢？可能來自於哪個部分的缺乏？這些都可以透過溝通和孩子一起討論。

溝通的原則，盡量不把焦點放在說謊這件事上，而是，你所感受到孩子的需求為出發，比如：**「我聽到你說的這些，似乎你很希望在他人眼中看到你很厲害的一面，這個部分對你很重要對嗎？」**

孩子不見得會馬上承認，畢竟要正視自己內在的需求並且坦承說出來，並不是容易的事情。因此，盡量貼近孩子的需求去描述，比較能夠被孩子聽進去，畢竟謊言有時候是為了包裝自己的意圖（想要被重視、想要被看到），如果意圖被溫柔的看到了，謊言就沒有存在的價值了，因此這個溝通過程本身，就是在貼近孩子。

心理師小提醒

為了其他原因說謊

孩子在學校中也會有其他說謊的時刻，像是跟同學玩鬧或衝突時，因為老師只責備自己、孩子因為不想告他人的狀而自己承受，或是在人際關係中用謊言拉攏或破壞朋友間的關係……等等，這些都不少見。

隨著年紀越大、人際關係越複雜，謊言也開始會展現在人際關係裡。每一個謊言的背後，有著孩子們各自的擔憂或在意，我們很難一體適用的採取單一方法處理。不過通常孩子說謊的原因，跟本身的個性、在意的議題有關，這些部分作為理解孩子是非常重要的途徑。

原則上，我們不太鼓勵孩子輕易用謊言來處理他的人際關係，不論是用在交朋友、拒絕請求或是謀求利益等部分，謊言都不應該是主要的選項，這牽涉到我們待人處事的原則與價值觀問題。

加上社會網絡越來越複雜，社群媒體的普及擴大了每一個人被他人觸及的面積，個人隱私的透明度也會因此而增加許多。也就是在網路世代，你跟越多人進行互動，言論受到檢視的機會也越高。在這樣的時代，用謊言覆蓋自己的意圖，去達成個人的人際利益，相當容易被戳破，這將會造成你給予人不一致的觀感，影響到各層面的人際品質。

因此，在人際關係當中，鼓勵孩子學習如何合理表達自己的需求、懂得如何恰當拒絕他人的要求，是我們可以預先和孩子一起學習跟努力的方向。

3-5

不同年齡的說謊與意義

學齡前二～六歲：世界是一種想像

當孩子具備簡單的口語能力之後，詞彙能力會有大量進步跟成長。從一開始的單詞到簡單的句子，慢慢再到越來越複雜的語句。雖然孩子的詞彙增加了，表達的能力也成熟了，但他們與世界互動的經驗、對環境的認識與看法，完全是零。

因此孩子對世界的認識，是透過非常有限的理解再加上大量豐富的想像力而來，所以說出來的話往往半真半假，令人難以辨識。比如有的孩子會說廁所有怪獸，或是房間有仙女等等，這些在具體人事物上加了幻想內容，通常是孩子說話的特色，因此我們往往也是一笑置之。

然而大部分孩子在這個階段已經知道爸媽會生氣，也知道做錯事情會受到責備，因此就會透過初級謊言來逃避大人的處罰或責罵。他們會用很拙劣的方法來逃避處罰，像是否認「不是我」、「我不知道」、「是弟弟弄得」、「是隔壁的王伯伯」……。

當我們聽到孩子為了逃避處罰而說謊時，通常可以出孩子的擔心，並且給予澄清，像是：**「我在想你應該是很怕爸爸媽媽不開心，所以不敢跟我們說實話。」**

並再試著安撫孩子的情緒：**「你的擔心是相當正常的，每個人都怕犯錯，因為犯錯的結果令人害怕。」**接著提供你的想法或意見。（如果爸媽想增加孩子的坦承行為。請參考P.194《說謊應該被處罰嗎？》）

同時，也因為孩子的大腦尚未成熟，很多時候事實跟想像參雜，因此在詢問時，盡量避免提供有預設性立場的暗示性問題，比如「你是不是把積木放在學校或是借給同學了？」這種有預設立場的問題，很容易引發孩子直接回答「對」的結果。因此如果用開放式的問句，比較能夠得到孩子試圖依據事實的回應：「你的積木在哪裡呢？」

學齡階段的說謊 七～十五歲：各式需求的展現

孩子進入到學校後，會因為各式各樣的原因說謊，大致上可以區分為兩個主要的動機：❶逃避處罰、❷得到獎賞；而往往❸環境的結構與制度也會引發孩子說謊的可能。

❶逃避處罰

不管是在家中還是學校，通常都會有一些孩子必須遵守的規範，而當孩子違反規範時，就會利用說謊作為逃避的方法。

❷得到獎賞

每個孩子都會有一種深層的需求，就是希望能從爸媽、老師以及同儕身上得到各種形式的肯定，因此有時候說謊就會是用來滿足需求的手段。

也有少部分的孩子，因為家庭結構的關係，爸媽可能因為工作太忙、隔代教養、或是週末父母等等，平常很少有機會和孩子相處，因此孩子發展出用說謊的方式來得到大人的關注。

❸環境結構與制度面的問題

很多時候孩子的說謊行為，可能反映出環境的結構或是制度面出現了問題。尤其是當家中的管理態度不一致時最明顯，這種不一致導致管教上的漏洞，往往也成了謊言孳生的溫床。

最常見的就是孩子覺得自己受到不公平的待遇或委屈，有不甘的情緒跟憤怒，而想要透過說謊來為自己的情緒出氣。比如在家中處理孩子的衝突或爭執，責任的歸屬處理不公時，就很容易讓委屈的孩子找到報復的機會，而讓謊言上場。因此，弄清事情的來龍去脈與真相，並給予適當的處置對孩子來說是一件非常重要的事情。

還記得幾年前曾有新聞報導，國內一家坐落在文教區裡標榜誠實付費的無人自助商店，店面內完全無人看管，以消費者自行採買後憑良心結帳的模式經營，結果誠實商店在幾年內屢遭偷竊不堪虧損而無奈歇業。這也顯示出當環境中缺乏適當的制度與管控時，往往會催化出人性隱微而幽暗的一面，並讓我們理解到環境對人的行為影響是很重要的，我們不應只是期待人性的良善，也該從制度面提升行為的品質。教養一致，就是關鍵的環境因素之一。

青春期階段

青春期的孩子由於相當有主見與想法，同時生活與交友圈大部分又脫離了父母親的掌控，因此爸媽說話的分量往往不若以往。

青春期孩子的說謊並不少見，因為他們一方面以朋友為優先，一方面又要顧及到家人的感受跟情緒，因此兩相權衡下，通常會避免讓爸媽生氣，但做出一些稍稍違背父母親意願的事情，這中間就必須透過謊言來填補。

有關於青春期孩子的互動，可以參考拙作《我想陪你長大》，有更豐富的案例說明。

親子的互動練習

❶ 釐清說謊的動機，點出孩子的需求

覺察孩子說謊時，爸媽可以溫和的和孩子說明，你們很擔心他是否遇到什麼解決不了的困境，因此想要了解他的想法，以及原因，才可以共同討論解決的辦法。

當孩子放下對說謊的擔心時，就比較能夠說出背後的擔心或是原因。畢竟，**謊言的目的是為了遮掩意圖，而當意圖被看見的時候，謊言就沒有存在的價值了。**

❷ 道德的力量，提醒的成效

美國杜克大學行為經濟學教授丹．艾瑞利（Dan Ariely）曾經做一個有趣的研究，他們想要知道究竟人類有沒有可能透過提醒誠實的重要來抵銷說謊的行為，於是他們安排了一個實驗：找了數百名受試者將他們分成兩組。一組受試者在實驗前先背誦《十誡》（是上帝藉由以色列先知摩西向以色列民族頒佈十條規定，裡面有對行為的道德規範）；而第二組受試者則是請他們回憶一下高中讀過的十本書，然後兩組再參與一場有機會作弊拿獎金的實驗。結果研究發現背誦《十誡》的受試者，沒有出現欺騙的行為，而第二組出現預期中的欺騙行為。

這個研究結果說明，只要提醒道德標準似乎就能提高道德行為。這意味著有時候光提醒誠實這件事情，就可能降低說謊，不過後來研究也發現提醒的效果無法持續很久，除非有適度持續的提醒。

因此，在處理孩子的說謊行為之前，爸媽可以請孩子為自己的行為作證：**「在我們開始討論之前，請先確認在討論過程中，你可以做到誠實正直，因為我們相信誠實是一件非常重要的美德。」**請孩子用自己的話作為行為的擔保。或許有機會提高孩子誠實的機率。

❸ 管教一致的重要

每一次我在演講時，有不少家長會問我在教養時究竟誰扮黑臉，誰扮白臉比較好。這個問題也會讓家長陷入一些矛盾跟關係中的衝突。

我個人覺得如果父母親的角色有如此明顯的差異，必須由一個人扮演黑臉，另一個人扮演白臉，這中間顯現的一個事實就是：「兩人對教養態度缺乏一致性的共識跟溝通能力」，才會形成各自負擔不同親職角色的局面。而這種親職關係基本上不管是對爸爸、媽媽或是孩子來說，都是有傷害性的。

比如，爸爸總是扮演教養中的黑臉，對孩子來說就是一個兇爸爸的形象，孩子會因此把許多管教中的憤怒都丟給爸爸，而爸爸對於默默承受孩子的這些投射也是有苦難言。並且，在黑白臉的角色分擔中，也意味著兩個人更難拿捏在管教中的輕重與步調，造成孩子鑽漏洞的可能。

因此最理想的方式，應該是爸媽同時是黑臉也是白臉，也就是對於賞罰有一致分明的態度與共識，才不會分散了彼此在親職角色中的分量，同時讓孩子對於爸媽的角色有不當的期待跟認知。

❹處罰或是不處罰？

處罰或不處罰，是一個很難回答的問題，不過從心理學的角度來看，處罰的目的是讓孩子了解說謊是不對的行為，因此當孩子說謊時，他必須付出相對應的代價，這才是處罰的真正意義。

因此當孩子説謊依照上述的流程處理完後，也可以採取包含扣點、隔離時間、減少特權活動或是週末禁足等處罰方式，就看孩子説謊的情節與嚴重性而定。我個人並不鼓勵體罰，通常爸媽一旦拿捏不好，不但很容易破壞親子關係，也讓孩子更善於用説謊的方式逃避責罰。

閱讀筆記欄

chapter 4

面對謊言，
該戳破還是眼不見為淨？

謊言可以被偵測嗎？說話時結巴、緊張、面紅耳赤就是說謊的徵兆？

發現孩子說謊時，大人可以用什麼態度及方式引導孩子？以及在日常生活中，有沒有什麼可以拉近親子距離的溝通方式？因為當孩子願意向大人敞開心房、無話不談時，謊言也就沒有存在的必要了。

4-1

說謊應該被處罰嗎？

在本章開始之前，先問你兩個問題，請依據直覺回答：

問題1

你會選哪一所學校？

假設你的孩子即將入學，剛好住家附近有兩所學校，這兩所學校師資、評價、收費跟交通便利性都差不多，唯獨在風氣上不太一樣，請問身為家長的你，如果想要培養孩子良好的品行，以下哪一所學校會是你優先的選擇呢？

A學校。辦學理念較接近歐美的教育方針，嚴格但合理。當學生表現出不良的行為時，老師或學務人員會以嚴肅的口頭訓誡、被取消特權等處罰，不過該學校沒有施行體罰。

B學校。辦學理念比較接近傳統東方文化的教育方針，有著嚴格的行為規範，如果學生違反規範將會受到很嚴厲的處置：體罰。行為偏差包括沒做功課、沒帶作業、師長對立、衝突以及說謊。學校每一週都會有「訓育人員」把行為偏差的學生帶到操場，在眾目睽睽之下體罰，沒有例外。

現在，你要為孩子的品性發展（包含不說謊、培養誠實的行為）做出重大決定，在A、B學校之間，哪一所將會是你最後的選擇？為什麼？

問題2 你會選哪一本繪本？

假設你想要選一個關於誠實的故事，剛好手邊有兩本繪本，都是我們從小到大耳熟能詳的故事。一本是「放羊的孩子」（故事內容就是牧羊童慣性說謊，下場就是大家都不相信他，導致羊群被狼吃掉的悲慘結果），另一本則是「華盛頓砍倒櫻桃樹」（描述華盛頓小時候砍倒櫻桃樹，他的爸爸沒有責備他，還肯定他的坦誠）。

這兩本繪本如果你只能選一本的話，你會想要選：

Ⓐ**「放羊的孩子」**

Ⓑ**「華盛頓砍倒櫻桃樹」**

你的答案是什麼？

問題1 **你是選A或B學校呢？**

這兩所學校對於品性的要求都是注重的，唯一的差異就是不良行為的後果，其所遭遇到的處置嚴厲度不同。

A學校嚴格，但沒有體罰；而B學校只要是不良行為就會嚴厲處罰。因此，這兩種學校培養出來的學生，對於自己犯錯時的態度，也會因為會遭受的結果不同，而帶來相當大的差異。

問題2 你是選擇A還是B繪本呢？

兩本繪本都能讓孩子理解說謊不是好事情。然而我想再進一步詢問，請猜猜看，哪一本繪本對於增加孩子的誠實行為會有具體幫助呢？

之所以請爸媽選擇，是因為這兩本書面對說謊行為所隱含的態度，是相當不一樣的。在公布答案之前，我們先來看看兩個心理學界相當有名的誠實實驗，透過這幾個實驗的結果，正好可以回答我們心中的疑問。

偷看遊戲

多年前，在加拿大麥基爾大學裡，教育與諮商心理系的教授VICTORIA

TALWAR想要知道，究竟採取不同處罰方式對於說謊行為的影響是什麼，以及我們可以如何有效增進孩子的坦誠行為。為了回答這兩個問題，TALWAR教授進行了大規模的調查跟研究，而她的發現也深深影響了我們面對孩子說謊時的看法跟態度。

TALWAR教授在非洲找了類似上述的A、B兩所學校，這兩所學校除了教育方式以外其他背景都差不多，這讓我們比較有把握相信，兩所學校的學生在說謊反應上的差異，跟他們所受到的教育方式有關，因為既然兩所學校其他條件背景都相似，那就不是影響說謊反應的原因。

在找到了適合的學校後，教授從這兩間學校各找了三歲和六歲的兒童，進行了著名的「偷看遊戲（PEEPING GAME）」。

偷看遊戲進行的方式是：

4-1

說謊應該被處罰嗎？

研究者會跟小朋友玩一個猜謎遊戲。

遊戲開始會讓孩子先面對牆壁坐著，研究者會在孩子背後拿出一個玩具，並用它發出聲響，讓孩子猜猜看是什麼物品。

遊戲規則是如果孩子猜對三次，就會給予獎品。前兩次的題目都非常簡單（像是警車、哭泣的娃娃等），但第三次的題目就變得很困難（足球配上音樂），孩子幾乎很難透過聲音猜出來。

研究的經典就在第三次的猜謎之前，研究者會藉故離開房間一陣子，在他離開前會先警告小朋友不可以偷看背後的物品，接著就離開房間，而這時房間內的攝影機把孩子的行為拍得一清二楚。之後，研究者再回到房間，讓孩子猜測物品並問他們有沒有偷看。

事實上，如果你當時就坐在房間外的監視器前，你會發現不管三歲還是六歲，幾乎每一個小朋友都會轉頭去偷看。當然在同時，你也會看到當研究者問孩子們是否偷看時，他們的回答。

還記得這群小朋友分別來自兩所不同的學校嗎？嚴格卻沒有體罰的A學校，以及嚴厲用體罰處理說謊的B學校。

當研究者詢問孩子有沒有偷看時，無論年齡，所有的孩子在第一時間都會否認自己有偷看，不過當研究者進一步詢問孩子為什麼答對時，有了以下的差別：

A學校：三歲孩子，會馬上承認自己說謊；六歲孩子則會說出可信度比較好的謊言。

B學校：有趣的是B學校的孩子，這群來自嚴厲體罰環境的孩子，所有人都說謊。不管是三歲還是六歲，並且，他們說謊的品質不但好過A學校，甚至還會操弄心機跟技巧以試圖蒙騙研究員，讓研究員更容易相信自己的謊言。同時不管三歲還是六歲，B學校的孩子在面對質疑時不但面不改色，還展現出高度的自信去維護自己的謊言。

看到這，你會不會懷疑，明明採取用嚴厲體罰來處理說謊的B學校，反而造就出一群更會說謊且技巧高超的騙子呢？

其實我們可以設身處地想像一下：如果你所處的環境對於任何謊言都會嚴加處罰，只要被抓到一次，就會換來一頓打，不管情節毫無例外。在這種情況下，你會不會願意賭上一把，好讓自己的謊言不被發現。因為你用說謊換取平安的成本是比較低的，相較之下被打的代價太高了，所以如果能夠成功一次，那就可以少一頓處罰，用少少的說謊成本來避免要付出極大代價的體罰。一旦發現如此，你就會無所不用其極地使用謊言，讓自己能夠免於處罰。這個選擇的邏輯相當合理。

而這也是孩子堅決說謊到底的原因，對他們來說，只要比對方更加堅持就有機會免於處罰，實在很划算，他們唯一要做的只需要再磨練自己說謊以及鎮定的技術就好。

看到這，我們回到你在問題一的答案，如果我們把問題一的選項換成在家中，A家庭是一個嚴格但不體罰的環境，B家庭是一個嚴厲且體罰的環境，你覺得哪一個家庭中長大的孩子最會堅持說謊？

如何提升孩子的誠實度？

看到上一節研究的結果，或許有些爸媽鬆了一口氣，有些爸媽嚇到一身冷汗，不管你的反應如何，我想大部分的家長應該還想繼續再問，那我們該如何讓小朋友誠實？

TALWAR教授後續的研究可以讓我們有個參考的方向。在先前的研究中，當研究員出去房間後，幾乎每個小朋友都會偷看，不過重點在於他們對說謊的堅持度不一樣，這種情況下，要如何增加孩子的誠實度呢？

這次，研究員做了一些新的實驗，他們回到房間後先向小朋友說故事，之後再問小朋友是否有偷看。藉此觀察在閱讀不同的故事後，對於誠實坦白的行為是否有影響。

研究員對其中一些小朋友說了「龜兔賽跑」的故事，對另一些小朋友說的是「放羊的孩子」，還有一群小朋友則是說「華盛頓砍倒櫻桃樹」的故事，想看看用不同角度跟態度面對誠實時，是否會影響孩子的反應（龜兔賽跑的故事在研究中是作為一個比較基礎，不是研究要討論的）。

等到研究員說完故事之後，他們請小朋友坦承是否有偷看玩具。

結果，聽完「放羊的孩子」這類故事（說謊導致悲慘的下場）的小朋友，跟聽完「華盛頓砍倒櫻桃樹」故事（誠實值得讚許）的孩子相比，後者的孩子比較能夠承認偷看的行為，坦誠的機率幾乎是其他小朋友三倍的差距。

對照本節開頭的第二個問題，A繪本與B繪本，現在你似乎發現一件事情，閱讀「華盛頓砍倒櫻桃樹」的孩子之所以坦承，是因為故事中傳遞出「誠實是值得讚賞的好行為」。簡單來說，如果想要增加孩子的誠實態度，我們可以考慮不強調說謊的下場，而是肯定強調誠實的正向結果。

至於，在生活中如何具體培養孩子的誠實態度呢？其實按照心理學的實驗結果，最值得推薦的好方法，就是正向而具體的鼓勵與期待孩子的誠實行為，你可以這麼說：**「××，媽媽（爸爸）最開心的時刻之一，就是看到你能夠用誠實的態度面對，而不是用謊話去逃避事情。當你努力做到誠實的時候，我會非常非常開心的。」**

4-1

說謊應該被處罰嗎？

閱讀筆記欄

4-2 謊言是可以被識破的嗎？

前面我們和大家介紹了許多孩子說謊的原因，以及可以處理的方式，不少父母或許心中也會好奇，除了從預防角度降低孩子說謊的機會以外，有沒有任何技巧可以揭穿正在說謊的人呢？就像電影中的測謊機一樣，在身上戴上一些零件之後，比較嫌疑者說實話跟說謊話時不同階段的生理反應來偵測是否說謊。

究竟，有沒有這種技術或是理論呢？

如果你上各大網路書城、書店或是搜尋軟體輸入「測謊、分辨謊言」等關鍵字，你會得到上千萬條連結，全部都在教你如何分辨一個人有沒有在說謊。大部分的網路訊息或書籍都信誓旦旦地告訴你，透過觀察、生理反應、眼神或是姿態等等，就可以分辨有沒有在說謊。事實上有沒有這麼厲害呢？

謊言可以偵測嗎？

在過去，想要分辨一個人說的是謊話還是實話，大多數的心理學研究焦點都放在說話者的面部訊息或是肢體語言，比如觀察對方的眼神有沒有閃爍游離、有沒有露出某些困窘或不一致的神情、臉頰有沒有發紅或是泛著不安的笑容……等等。

我們會用這些訊息作為依據，是因為我們相信人在說謊時，他內在的衝突會導致情緒上的波動跟反應。比如說謊會讓一個人緊張、內疚等等，而情緒這種生理上的反應比口語表達更難被隱瞞，因此可以透過這些隱微的線索，來判斷一個人是不是在說謊。

但事實上，想要透過偵測表情或情緒反應來偵測謊言，科學研究一直沒有很大的進展或具體的成果。簡單來說，就是一般沒有受過嚴格或正規訓練的民眾，很難透過觀察一個人說話時的狀態，正確評估他是否在說謊。就算讀遍坊間琳瑯滿目的書籍，大部分人判斷說謊的能力，就跟隨便亂猜幾乎沒有兩樣，答對跟答錯的機率差不多一半一半。所以如果你發現對方說話時神情不安、表情有點緊張、姿態有點扭捏，甚至音量都不夠有自信，而信誓旦旦的覺得對方極可能在說謊時，你有五〇%的機率應該是錯的。

還記得前面說過，說謊的人為了要讓自己被相信，他必須要努力監控自己的表情、說話方式、姿態等等，因此當他大腦的資源越豐富，額葉的執行功能越好（簡單來說就是越聰明的時候），他越能夠像一般人一樣侃侃而談，而不會在微表情中嶄露什麼破綻。

況且，不少人在感覺自己被質疑或高壓的情境下，還沒開口說話就已經不自在或侷促不安，一部分的大腦資源要應付自己被質疑的不舒服狀態，試圖讓自己冷靜；剩下不多的大腦資源又要回應質問，說得結結巴巴或是斷斷續續也很合理，但這時候反而看起來就像是在說謊，實在是相當冤枉。因此，單單使用微表情或情緒反應作為說謊的依據，真的不太可靠。

所以，越去研究如何利用身體線索去區辨說謊，就越發現沒有一個一致且可靠的標準可以依靠。在A身上可以使用的標準，換到B身上就不適用了，因為每個人的差異性實在太大了。那究竟有沒有什麼方法，可以在沒有直接證據的狀況下判斷真偽呢？這時必須回到大腦的狀態來思考。

大腦的說謊設備

我們現在已經知道，「說謊」是涉及大腦皮質許多重要功能統合運作下的產品。因此在製作說謊的產品線上，會有很多部門參與合作，比如：

❶前額葉執行功能

執行功能就是公司執行長。公司的年度計劃要如何變成具體成效跟營運結果，都仰賴執行長。也就是要能夠運用大腦資源，有意識的控制自己的行動跟思考，完成特定的目標，這整個過程叫做「執行功能」。

執行功能包含三個主要成分：工作記憶、抑制控制能力，以及認知彈性力。簡單介紹它們的功能如下。

▲工作記憶

「工作記憶」是心理學的概念，它讓我們可以進行短暫的訊息處理、儲存並且運作。

例如，人們在心算算術題目時，必須將部分數字保留在大腦中。這樣一個「HOLD住」訊息的能力就是工作記憶。工作記憶與學習成績有密切的關係，工作記憶較差的人，在閱讀、數學學習及注意力會出現困難，例如抄寫黑板的字就會很難進行。

說謊時，工作記憶的能力好壞同樣重要。比如小明在學校對老師說謊，自己沒有把小華的橡皮擦弄不見（事實上是小明弄不見了），那他就要捏造出有把物品還給小華的謊言。這時就需要掌握環境中的許多細節，誰在場誰不在場、老師在不在（有沒有可能看到）、歸還物品的行動描述（要掌握小華不在位子上的訊息，才不會被揭穿）……等等，這些都需要工作記憶。如果小明工作記憶不好，就會忘記老師其實也在現場看著這一切發生，謊言就會被揭穿。

▲抑制控制能力

小明還橡皮擦這件事情，還需要抑制控制能力，也就是小明要能夠抑制不把事實說出來的能力。因為事實是的確發生的，這會是小明的優先反應選項，但小明不能讓事實被發現，所以要不說出實話，不但要抑制它，還要把它擺到不能說出口的位置。這就要調動很多認知資源，來幫助自己完成。

有學者發現當一個人說謊時，大腦前段會變得很活耀，位置差不多是在我們額頭的兩側。這塊區域的功能之一，在於處理對環境所產生的抑制反應，當說謊者在試圖抑制事實時，就會用到這個區塊。如果抑制控制力不好，說起謊來就會相當不協調，破綻百出。

▲認知彈性力

說謊的過程中，其實不斷需要在很多訊息之間跳動與整合，所以認知的彈性是很重要的。

對方可能會不斷追問，也可能會提出不利於謊言的事證，這時說謊者就要有彈性應付當下面對質疑或挑戰的能力，讓思考保持在一個隨時可以靈活運用的狀態，不會死板僵化的只有片段的陳述，才能夠增加對方相信謊言的機會。

比如，當老師問起小明，為什麼橡皮擦用完後不馬上還給小華，要等到小華問才動作的時候，小明就必須從原本的說謊系統再增加一個可信度高、邏輯和整個謊言系統相通一致的理由，才不會被揭穿：「因為我當時忙著做作業，想說快要上課了，我想要在上課前把作業寫完，所以就忘記馬上還給他了。」非常合情合理的說法，充滿高度的認知彈性力。

❷心智理解力

也就是前面說的，孩子必須能夠理解他人的心理狀態，推敲出對方現在知道什麼、不知道什麼，才有辦法從漏洞裡建立一個完美的謊言系統。

比如在橡皮擦這個例子中，小明知道小華一定不清楚他說的時間點究竟有沒有還，因為小華並不在位子上也不在教室，所以他並不會看到小明的行動，也就無法得知小明有沒有還。小明完全掌握到同學的心理狀態、觀點與信念。他甚至還可能模糊焦點，比如：「之前阿宗跟皮皮不是也有跟你借過橡皮擦嗎？說不定他們下課經過你桌子的時候就順手拿去用了。」—小明心中確定小華完全無法得知其他人是否有經過他的座位。

於是，透過大腦不同部位的緊密分工合作，一個謊言就完美的誕生了。不但很難有懷疑的空間，甚至大腦的彈性還能讓他度過每一個突如其來的質疑。

就爸媽的角度來想，這真是令人洩氣的一件事，我們究竟有沒有辦法識破謊言呢？既然我們已經知道說謊必須透過大腦各部位的協調來完成，而各功能在協調跟運作的過程中又需要耗費大量的認知資源。或許，我們可以從這個角度切入。

4-2 / 謊言是可以被識破的嗎？

閱讀筆記欄

4-3 讓孩子多說一點

既然我們已經知道，透過生理反應偵測謊言並不適用在一般情境，甚至極大可能誤判，誤判的可能性就跟你丟銅板是一樣的機率：一半一半。

因此，不如回到大腦機制來思考這件事。既然說謊必須要用到大量的認知資源，而認知資源使用越多，就越會耗竭，導致漏洞出現。所以在這一節，我想要跟大家分享幾個透過耗竭認知資源的方式，來評斷說謊的可能性。

❶ 善用開放式提問

利用增加認知資源來拆穿謊言的方式很多，其中一個就是讓他「多說一點」。當一個人話說的越多，他需要用來建立謊言細節的內容也越多，也就是他需要用到很多資源，來填補不存在的事件跟情境。當一個人把謊言戰線拉得越長，就越容易出現破綻，慢慢掉進自己挖出來的陷阱裡。

因此要讓破綻出現的可能性增加，你可以使用「開放式提問」，盡量少用「封閉式提問」。

「開放式提問」是指提出比較廣泛的問題，對回答的內容限制不嚴格，讓說話的人可以比較多發揮的空間。問的時候多使用「怎麼說？」、「這邊多說一點」、「什麼意思？」、「為什麼？」等問法。像是：

「你說你有還給他，但是他沒有看到？什麼意思？多說一點。」

「為什麼你選擇在這時候還給他呢？」

「當時對方怎麼說？」

❷ 避免封閉式提問

「封閉式提問」則是指問題的答案有特定性，範圍很侷限，所以在提問時，很容易先設定一個框架，回答的人只需要針對幾個答案中選擇就好像是：

「你是什麼時候還他的？」

「他有沒有看到你還他？」

「當時還有誰在場？」

使用封閉式提問時，較容易幫對方預設方向，如此對方就可以比較輕鬆的在方向中做選擇。而少了認知資源的耗費，比較容易喪失掉其他可能的訊息，因此在面對疑似說謊的情況時，可以先多用開放式的問題提問，再慢慢從中找到不一致的線索，逐步確認釐清。

對話範例：

問：「為什麼生詞簿沒有帶回家呢？」（**開放式提問**）

答：「因為我已經寫完放在學校了。」

問：「我不太懂，寫完是什麼意思？。」（**開放式提問**）

答：「就是我今天用下課的時間在學校就先寫，然後寫完之後我就想說這樣就可以不用帶回家了，所以我就把生詞簿放在教室。」

問：「生詞不是很多嗎？你怎麼有辦法寫完？」（**開放式提問**）

答：「就每節下課就狂寫呀，三節下課就可以寫完了。」

問：「咦，我印象中你在家寫生詞沒有這麼快耶，你怎麼辦到三節下課就寫完？這邊多說一點，我不懂。」（**開放式提問**）

答：「就是一下課馬上就拿出來寫，然後很專心寫就好啦！」

問：「那如果同學在旁邊玩的時候，你在寫沒辦法專心怎麼辦？」**（開放式提問）**

答：「就叫他們不要吵呀，不然寫累了就跟著玩啊，玩一玩再回來寫一下就可以了呀！」**（不一致訊息）**

問：「老師對你們在學校寫功課的態度是怎麼樣呢？」**（開放式提問）**

答：「老師喔，老師是說功課要寫就帶回家寫，不要在學校寫功課，不然班上有人會去打小報告。」

問：「那你今天這樣寫不就是很驚險，還要不被發現，那要怎麼做？」**（開放式提問）**

答：「就注意一下呀，不要寫太多，一次寫一點點，然後趁沒人的時候

再寫，有人來就先收起來，所以一次寫幾個字就好。」**（不一致訊息）**

問：「那不對呀，你不是三節下課就寫完全部了？」**（封閉式提問）**

答：「沒有全部啦，還剩下幾行沒有寫。」

問：「你不是說全部寫完所以才沒有帶回來？」**（封閉式提問）**

開放式提問時，請帶著好奇的心情跟口吻和孩子對話，避免用質疑或輕蔑的態度，這也會讓孩子感到不快，最後因為彼此的態度跟語氣而出現爭執，反而無法釐清事實的真相。我們釐清事實的目的，是在理解孩子的困難，因此請把目的跟策略分清楚。

❸配合突擊式提問

問問題時，不見得一定要按照事情的前後順序走，反而可以在一些不起眼的小細節上問幾個突如其來的問題、問問當事人事件發生當時的感受、想法，或是問一些跟事件不太直接相關的事情，這樣也會增加說謊者的認知資源，造成負荷而出現前後不一致的情況。

因為一般人在說謊時，心中盤算的內容是一個比較大概的方向，有順序性，細節反而不太有充分的準備，因此當你突然在不相干或其他方向的提問時，就會打亂當事人原本的預設，需要動用其他資源去回應，這時又可能得到更多有利於釐清的線索。

突擊式問句可以和開放性與封閉性問句輪流搭配使用。同時，不管是開放式、封閉式或是突擊式提問，我們同時也可以仔細觀察當事人在自己的訊息被質疑時的反應。自己被質疑時，會擾亂或窄化一個人內在心理舒適區的資源，當這種內在舒適區的資源越來越少時，當事人的姿態或是表達會越來越出現前後不一致的狀態，破綻也較容易開始顯現出來。

對話範例：

問：「老師說你今天跟小明吵架，還打他，發生了什麼事情？」**（開放式提問）**

答：「沒有呀，他就很白目呀，叫他不要弄我，他還一直弄。」

問：「老師知道後怎麼說？」**（封閉式提問/倒敘）**

答：「老師就說以後不可以這樣。」

問：「我不太懂，你們之間發生什麼事情了？」**（開放式提問）**

答：「就我下課在跟阿華聊天，他就一直要靠過來聽，我就叫他不要這樣，我們不想跟他聊，但是他就一直要靠過來，不給他聽還罵三字經，阿華就伸手叫他離開，他就把阿華打下去，我在旁邊要叫他們不要打呀就不小心碰到他，老師都冤枉我。」

問：「那時候你聽到小華對小明說了什麼？」**（突擊式問題）**

答：「他就說……你走開啦。」

問：「小明平時會罵三字經嗎？」**（封閉式提問／突擊式問題）**

答：「他還好，但是他很煩他都會去惹他人。」

問：「小華為什麼不想讓他加入？」**（突擊式提問）**

答：「不知道耶……」**（不一致訊息）**

問：「小明平常在班上容易被他人拒絕嗎？」**（封閉式提問）**

答：「也還好呀，不太會。」

問：「你打小明的哪一個部位？」**（突擊式提問）**

答：「我打他的頭，可是因為他真的很煩呀，一直要干擾我們，跟他說又說不聽。」**（不一致訊息）**

問：「你不是說你只是不小心碰到他？」（**封閉式提問**）

答：「可能有不小心打到他的頭吧？」

問：「我為什麼要相信你？」

答：「因為我就真的沒有故意打他呀，你不相信我我也沒有辦法了。」

問：「你還是沒有回答我，為什麼你值得我信任？」

答：「我就真的打他頭一下而已呀，我不是故意要打他的！」

不過，不管我們介紹了多少偵測謊言的技術，或是在網路上查詢任何有關說謊的姿態辨別技巧，我們仍然需要提醒自己最重要的一件事情：為什麼在面對孩子時必須要用到這個技術？是什麼原因讓孩子在面對我們時無法坦誠以對，是什麼阻隔了我們之間的溝通管道？

這個讓親子之間無法坦誠以對的障礙，才是我們真正要花盡心力去理解跟克服的。

閱讀筆記欄

4-4

為親子溝通解套——爸媽說話術

在介紹如何和孩子說話之前，我想邀請你先做一個簡單的小活動。現在請你隨便找身邊任何一個人，大人小孩都可以，請找到二到三個人跟你一起進行這個活動，活動方式如下：

道具

❶ 每人一張廢紙，大小不拘，便條紙也可以。

❷ 每人一隻筆。

進行方式

1. 請利用其中一張紙，先寫上「健康」兩個字。
2. 每人在各自的紙上寫下十個「健康」讓你聯想到的東西。
3. 過程中不能討論交談。
4. 計時兩分鐘，沒有正確答案，抽象或具體的都可以。
5. 等到每個人都確實寫完十個跟健康有關的東西，彼此比對。
6. 計算所有人都寫到，且一模一樣的東西有幾個，字詞要一模一樣。比如：「開心」跟「開心」才算一樣，「開心」跟「愉快」就是不一樣。
7. 計算十個東西當中，所有人寫出來一模一樣的有幾個。

在比對答案之前，我想先問問你自己的經驗，「健康」這個字詞在我們生活中常見嗎？

我想我們都認同這個詞非常常見，常見到你會覺得我們彼此之間應該對這個詞聯想到的、寫出來的，都會是很大重疊的內容才是。不過當你仔細檢閱大家所寫的內容之後會發現，重疊的內容往往不到二〇％，也就是我們所想到的十個跟健康有關的東西中，一模一樣的竟然不超過二〇％～三〇％。也就是說，那些你認為彼此應該會有共識的概念，一攤開來檢視之後，有七〇％～八〇％的想像是完全不一樣的。

這對你來說代表什麼呢？

你以為對方應該想到的，跟他實際想到的不一樣。就算是在一樣環境下的共同經驗，你以為彼此的感受、看法或體驗應該都差不多，你應該算是了解對方，但事實上你很可能只了解不到二〇％，有更多其他部分是你從來沒有機會了解的，而這還只是一個生活中常見的詞彙而已，若是回到彼此各自不同的經驗，你自己以為的理解，可能要再比這個比例低得更多了。

隨著年紀越大，爸媽與孩子之間的對話空間越來越少，明明在彼此的經驗中存在這麼大的差異，為什麼我們卻很難有機會相互交流跟分享呢？這又牽涉到另一個很重要的原因。

阻礙親子溝通的心理教官

是什麼原因，造成這種差異沒有被聽到呢？

其實爸媽最大的困擾之一，就是不知道該怎麼跟孩子聊天，這是因為聊沒有幾句話，爸媽就會下意識的開啟心中的訓導模式，不自覺的說道理，態度或語氣中帶著明顯的責備。接著就開始大人責備、孩子敷衍、彼此生氣的負向循環模式。之所以會落入這個原因，是因為我們心中都有一個小小的訓導處，裡面有著你的社會經驗、社會判斷、社會期待、個人期待……等等，這些背負著不同標準與要求的心理教官，總是非常盡責的二十四小時輪班，不斷偵測孩子的行為以及言語，是否符合預期的標準。

一旦發現孩子言行超標時，就會馬上開啟訓導模式，於是一場腥風血雨的爭執就展開了。

因此在許多父母的經驗中，孩子從課業的學習、人際關係的互動、生活習慣的培養、行為動靜的舉止等等的言行，很容易觸犯到自己的內在訓導界線，引發彼此的對立，為什麼會這樣呢？為什麼我們心中的教官總是試圖導正孩子的行為呢？

因為，我們處在無從掌控未知的擔憂當中。

同時，我們始終面臨過去未竟的缺憾當中。

父母的情緒，不該成為孩子的情緒

對於孩子的未來，每位爸媽都會有自己的焦慮。一部分的焦慮，來自於自己在成長過程中的經驗與焦慮，所以我們不分青紅皂白的將它投射到孩子身上，讓孩子去承接我們的慣性、缺憾或議題。

有的父母可能在一個嚴苛的環境長大，因此腦中總是有很多教條式的思維，認為長輩的要求就應該要遵守、跟人說話就一定要好好專心看著對方……等等，於是當孩子不符合自己的預期時，就會感到不習慣，試圖透過控制來導正孩子的行為。

有的父母在感情疏離的家庭中長大，不習慣和家人表達自己的內在，因此當家人談論想法、感受時，往往沒有覺察自己的不自在而陷入沉默或慣性說教。就好像兩個人在玩剪刀石頭布，但每次不管對手出什麼拳，你都只出石頭，於是那種彼此交互激盪的樂趣很快就沒有了，不用幾輪的時間，對方很快會失去遊戲的樂趣。

互動，應該有來有往，延續互動則應該順勢而為，要做到這一點，就必須先看清楚自己所背負的生命議題，是如何在和孩子的互動中影響著自己。

每一次在互動中卡關的地方，往往都與你生命中某個糾結的議題有關。往內探索這些卡住你的問題，是很重要也有意義的，只是我們處在一個講求效率勝於優雅的社會，每天你不只被工作追著跑，同時也在追著時間，追著家庭，追著戲劇、追著瀏覽社群網路、遊戲等等，注意力隨時被牽引投向每一個新奇而變動的面向，除了我們自己深處的內在。

因此當你發現在親子對話中卡關時，請在這停頓下來，試著在這些卡住的地方回溯你個人的經驗：

這個卡住你的是什麼？

你在乎的是什麼？

是什麼引起現在的停滯或衝突，這跟你過去的什麼經驗可能有關？

透過這些自我沉澱的整理，才有可能慢慢清楚這些關卡背後的障礙來源。

老化，是生命的必修課，然而成熟，卻是人生的選修課。每一個人絕對都會隨著時間而邁向凋零，但卻並非每個人都有機會在生命中提煉出成熟的姿態，這是我們身為父母，一輩子必須面臨的功課。

「順勢而為」對話術

回到親子溝通的現場，許多陷入僵局的關係，往往撥開家庭的各個層面後，會發現問題沉積久遠，可以說冰凍三尺，並非一日之寒。既非一日之寒造成，也就意味著過去互動的經驗不理想，但我們仍有改變的機會。

如果爸媽還記得先前做的「健康」實驗（請參考P.228），你就會知道在每一次對話中，我們努力要做的，就是盡量充分理解孩子對事情的認知與看法。要做到這一點，**最有效率的方法就是試圖引導「孩子多說話」**。因為透過多說，才有辦法多理解，因此如何鼓勵孩子能夠順其自然的多說一些，就是我們在對話中首要的任務，同時務必保持高度的專注。

最簡單延續對話的方法，就是善用關鍵字：

▲「怎麼說？」

▲「什麼意思，我不太懂？」

▲「這邊多說一點。」

▲「也太有趣了，然後呢？」

你會發現這幾句關鍵字，能夠很輕易打開對話管道，因為這些字本身有幾個特性：「開放而不設限」，這是很重要的一個對話態度。

年紀越小的孩子，講話沒有結構、也沒有邏輯，甚至內容乏善可陳，不是嘰哩呱拉的在說某個生活中的細節，就是連細節都說不清楚，這對已經習慣邏輯思考、組織調理的大人來說，有時聽孩子說話是頗耗費心力的事情。**但對話本來就不是要求對方用你習慣的方式交流，而是彼此「有交流」才是重點**。因此爸媽要做的就是建立孩子心中：「爸媽願意交流」的想像跟樣貌，這才是我們長期的目標。

透過前幾個關鍵句型以及開放式提問，能夠比較輕易的達到好品質互動的目標。同時開放式問句也可以引導孩子更充分的表達自己、延伸他原本的想法、組織訊息等等，除此之外，這整個對話過程的形式其實就是在告訴孩子一件事情：「我們願意聽你說，不管你說的是什麼。」

4-5 親子高效能溝通法

有一次我在去搭捷運的路上，聽到走在我前面一對母子的對話，至今仍然令我記憶猶新，並且常常浮上腦海。

當時那位媽媽一邊走，一邊用抱怨的口吻訓斥身邊的孩子：「你在搞什麼東西啊，跟你講過多少次了，你都幾歲了還給我做成這個樣子……，」接著媽媽一口氣也沒換就直接連珠炮的開始念起對方：「你看看你每次都這樣，講了又不聽、聽了又不懂、不懂又不問、問了又不做、做了又做錯、錯了又不爽、不爽又怪我，那我跟你講幹嘛？講有用嗎？！」

我聽著媽媽不到五秒鐘內念完這一長串話後，當下只有一種強烈的感覺：「這媽媽可以去說脫口秀了。」

但隨即念頭一轉，發現有個地方怪怪的，那就是為什麼她可以把這句話說得如此順口呢？顯然，她對這串話非常熟悉啊，但是能夠這樣熟悉，除了常常講的可能性以外，我幾乎想不到其他可能了。

於是，我突然在當下發現一件事情，就是我們的孩子在很小很小的時候，其實就已經在大人的訓練下，培養了一個非常重要的能力——「敷衍」。敷衍就是指待人不懇切，只做表面上的應付。為什麼這樣的溝通方式到頭來，卻造就了一個在面對責任時只會敷衍的孩子呢？因為這裡有一個很大的原因，在於我們的溝通品質。

親子對話避免「攻擊式溝通」

現在請看看以下句子你熟不熟悉，這些句子是否很容易在親子溝通時出現：

- 「你搞什麼東西啊？跟你說過多少次了？現在還不會？」
- 「我怎麼說的？跟你說去公園玩要小心，結果你還是跌倒？」
- 「提醒你有用嗎？結果你水壺跟便當沒有一樣帶回來？」
- 「你有沒有搞清楚我在說什麼啊？你耳朵長在哪？」
- 「你看看你，我看你同樣一件事情要搞多少次！」
- 「你再說一次試試看。」

你有沒有發現，這些句子通常會引發更多的衝突跟對立，這是因為它們都有一個共同特色？

答案揭曉：這些句子，多半都是「你」開頭的句子，簡稱「你訊息」。

這種以「你」開頭的句子，目標清楚、語句簡潔。在大部分狀態下可以簡單有效率地傳遞想法。但是，在這類「你」開頭的句子中，情緒以及造成情緒的原因也被間接地包藏在語句當中，而不會直接表露。所以對方聽到這類句子時，腦海中並不會馬上接收到自己做不對的地方，而是聽到自己被責備的內容。

簡單來說，引發對立、無法促進溝通的對話公式如下：

你訊息：你（開頭）＋批評或建議＝攻擊

正常來說，當任何一個人，不管是大人還是孩子接收到被責備的語氣時，會馬上以防衛、否認的態度應對（為了保護自我的完整性與尊嚴）。因此，遇到某些衝突或是對立的場合時，「你訊息」往往會增加衝突的情況，而難以達到「訊息溝通」的目的。

也就是說，當我們要給建議或批評的時候，只要是用「你」開頭，不管如何小心的措辭，對方都會感受到被攻擊的感覺，但是偏偏沒有人喜歡被攻擊，因此一旦我們發現自己被攻擊，就會使盡全力反擊對方，最後弄得彼此不歡而散，結果不但沒有達到原本的目的，還搞的對立冷戰，實在是得不償失。

親子高效能溝通法

既然「你訊息」是一種無效的溝通形式，因此為了能夠有效地讓孩子接收家長的想法，降低衝突並且達到溝通的效果，以色列心理學家GINOTT的「我訊息」便應運而生。

「我訊息」其實是將「你訊息」的句子重新排序，並加入更重要的溝通核心元素：「感受」與「原因」。當溝通以「我」作為開頭時，孩子不會有被強烈指責的防衛感覺，並且因為大人表達「感受」的字眼，讓孩子更能接觸覺察到大人的狀態，並接收訊息裡的重點。

另一方面，當孩子能夠接收大人的感受，並知道自己行為所引發對方的感受時，將會對該行為多了許多自我調整的空間。同時，孩子也看到你是如何表達自己的情緒，這對他來說有直接的學習效果。

重點1 我訊息

語句結構：狀況＋感覺＋原因

❶ 狀況 我看到⋯我聽到⋯

客觀描述困擾你的行為，盡量少用「一直」、「永遠」、「都是」⋯⋯等等的字眼，而是要把焦點集中在某一個特定的狀況或行為，然後加以描述。用「我」作為開頭，像是「我看到」、「我聽到」等等。

❷ **感覺** **我覺得⋯**

你對這件行為的感受。

❸ **原因** **因為⋯**

行為可能導致的後果。

重點 2
例句

❶ 我聽到你說我老是「趕東趕西」讓你覺得很煩（**狀況：我聽到**），我覺得很不舒服（**感受：我覺得**），因為你沒有看到我背後這麼做的原因，是因為我希望你能夠上床前寫完作業，多休息（**原因**）。

❷ 我看到你剛剛把手邊的東西丟來丟去，摔到門旁邊（**狀況：我看到**），這讓我覺得很難受，也很挫折（**感受：我覺得**），因為我好幾次想跟你說別這麼做，但似乎情況還是一再發生，這讓我不知道

該怎麼做才能改善（**原因**）。

❸ 我這幾天看到你回家就做自己的事情，而不是寫功課（**狀況：我看到**），這讓我有點擔心跟難過（**感受：我覺得**），因為我擔心你會因此而熬夜，早上爬不起來，同時我也因為不知道該怎麼幫助你而感到難過（**原因**）。

重點3

練習

請回答下列哪一題是屬於「我訊息」

❶ 小夫，你剛才說的那句髒話是什麼？給我大聲再說一次！

❷ 靜香，你已經來回走五次了，你再走走看，給我坐好！

❸ 胖虎，我看到石頭，這讓我憤怒和驚慌，石頭不是用來丟人的，不能讓他人受傷。

❹大雄，你不要再偷懶了，我像你這個年紀的時候，功課是你的五倍多。

重點4 比較

你訊息	你不能小聲一點嗎！吵死人了你！
我訊息	我現在心情不好，真的很想自己冷靜一下，我需要十分鐘，晚一些再討論好嗎？
你訊息	問問問，問夠沒呀！講這麼多你還是一樣聽不懂！！
我訊息	我其實對於要將這件事重複解釋這麼多次，真的感到很煩。讓我冷靜一下，再向你解釋吧！

重點 5
應用練習

❶ 請在接下來的一至兩週內，挑出一個孩子的特定行為（不是全部的狀況，只要挑出其中一個特定的行為或特定的情況），練習在和孩子表達時以「我訊息」的方式做描述，並且觀察孩子在聽你說話時的反應、行為以及該特定狀況的表現（以七到十五天做為比較的基礎）。

❷ 也請比較在過去以「你訊息」與現在改以「我訊息」表達事情時，自己在主觀情緒上有沒有不太一樣的地方？

關係中的界線與理解

有些家長認為對孩子表露自己的傷心或情緒是一種情緒勒索，這是一個誤會，勒索的意圖是在謀利自己，企圖造成對方的罪惡感或權利的不對等而要求對方聽命於自己，然而「我訊息」的關鍵是在學習表露自己的情緒，以及引發情緒的原因，這兩個出發點完全不一樣。

「我訊息」其實是透過溝通清楚表達出自己的界限，讓孩子能夠理解到對方的界線。這種心理的認知與表達的練習，對每一段關係來說都很重要。

當你透過良好的溝通方式與孩子互動時，你也正在塑造一個很重要的家庭氛圍：我們接受彼此的情緒，同時也在對自己、他人的界線與尊重中，嘗試看到彼此的困難。

在如此氛圍中長大的孩子，往往也會願意和家人有更多的對話。

閱讀筆記欄

如果可以誠實，孩子為什麼要說謊？

心理師親授！淡定面對孩子的謊言，從改變溝通開始！

23 個突破孩子心房的親子練習課

作　　者　陳品皓

社　　長　陳蕙慧

副總編輯　李欣蓉

編　　輯　陳品潔

封面設計　比比司設計工作室

版面構成　Wan-yun Chen

行銷企畫　童敏瑋

出　　版　木馬文化事業股份有限公司

發　　行　遠足文化事業股份有限公司（讀書共和國出版集團）

地　　址　231 新北市新店區民權路 108-4 號 8 樓

電　　話　（02）2218-1417

傳　　真　（02）2218-0727

Email　service@bookrep.com.tw

郵撥帳號　19588272 木馬文化事業股份有限公司

客服專線　0800221029

法律顧問　華洋法律事務所　蘇文生律師

印刷　中原造像股份有限公司

初版　2018 年 08 月

初版10刷　2023 年 11 月

定價　320 元

國家圖書館出版品預行編目（CIP）資料

如果可以誠實，為什麼孩子要說謊？ / 陳品皓著.
-- 初版. -- 新北市：木馬文化出版：遠足文化發行，2018.08

面；　公分

ISBN 978-986-359-561-8（平裝）

1.親職教育　2.親子關係

528.2　　107009303